DAILY
法学選書

近隣トラブル対策！

建築・道路・境界の法律知識

デイリー法学選書編修委員会 [編]

三省堂

はじめに

　多くの人にとって家を買う・建てるということは、大きな出費を伴い人生の中で何度もない大きなイベントです。しかし、自分が所有している土地だからといって、どのような使い方をしても、どのような建物を建ててもよいわけではありません。都市計画法や建築基準法によって敷地に建てられる建物の用途や構造、規模、設備などについて、安全に快適に暮らせるように守らなければならない多岐にわたる最低限のルールが定められています。

　また、長く居住していく中で近隣とのトラブルになってしまう事例も多くあります。たとえば、隣地の樹木が自分の敷地にはみ出していたり、隣人が勝手に自分の敷地を通行している、隣地の所有者が別の境界線を主張しているといった敷地の通行や境界に関するトラブルです。

　住環境は私たちの生活に直結する最も身近な問題ですから、トラブルを防止・解決し、安全で快適な暮らしを維持していけるよう、どのようなルールや権利があるのかを知っておくことは重要です。

　本書は、各法律の基本的な知識と必要な手続きを、建物の建築に関する都市計画法・建築基準法から住環境の法律問題について通行権・私道・境界確定・日照権に至るまで、建物の所有や近隣との関係について知っておかなければならない法律や重要事項を、ポイントを絞り具体例を交えながらわかりやすい解説を心掛けています。

　防火地域・準防火地域内の建築物の制限を緩和するなどの措置がとられた2019年6月全面施行の建築基準法改正にも対応しており、建物の建築に関する各種の法律の内容だけではなく、トラブルの予防や解決に役立つ内容となっています。

　本書を広く、皆様のお役に立てていただければ幸いです。

デイリー法学選書編修委員会

Contents

第6章　近隣・住環境をめぐる法律問題

第1章

建築・道路・境界の基本

1 建築規制と道路・境界をめぐるトラブル

建物を建てる際には規制がある

　私たちは、所有している土地や建物を自由に使用したり、賃貸・売却することができるのが原則です。これを所有権絶対の原則といいます。しかし、実際には法律などの規制が存在するので、土地や建物の使用・賃貸・売却などが自由にできるわけではありません。たとえば、土地を所有しているからといって、何の規制もなく自由に建物を建てることができるわけではありません。建物を建てることについて何の規制もないとすると、平屋や2階建の戸建住宅が立ち並ぶ住宅街に、数十階もある高層マンションを建てることが可能になります。そうすると、日当たり、風通し、交通量などの点で周辺住民の生活環境が悪化するおそれがあります。

　マンションを建てようとする業者と近隣住民との間で、建物の高さや用途などについて争いになっている、というニュースを見たことがあるかもしれません。建物を建築する際には、たびたび周辺住民との間でトラブルが発生します。建物の存在が周辺の景観や環境などに直接影響を与え、ひいては周辺住民の日常生活を悪化させることになるからです。そのため、建物の建築に対して、さまざまな規制が設けられています。建物を建てる際に規制の内容を把握し、それに従った建築をすることは、トラブル防止の前提条件になります。

　建物の建築に対する規制には、法律による規制もあれば、地方自治体（地方公共団体）が制定する条例による規制もあります。また、法律や条例とは異なり強制力はありませんが、建築指導要綱などの名称で、地方自治体が建築に関する行政指導の内容をまとめています。

　戸建住宅を建てる際には、建築規制などの調査は、設計事務所など

● 建物を建てる際のさまざまなトラブル ･･････････････････････

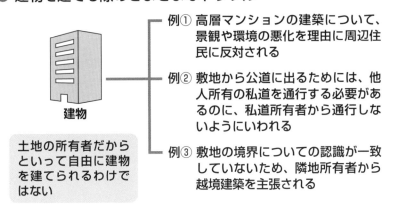

例① 高層マンションの建築について、景観や環境の悪化を理由に周辺住民に反対される

例② 敷地から公道に出るためには、他人所有の私道を通行する必要があるのに、私道所有者から通行しないようにいわれる

例③ 敷地の境界についての認識が一致していないため、隣地所有者から越境建築を主張される

建物

土地の所有者だからといって自由に建物を建てられるわけではない

に任せておけば足りる場合もあります。しかし、アパートやマンションといった大規模な建物を建てる際には、敷地や周辺の調査の他、事前に建築規制について役所に相談するなど、入念な調査が必要です。

道路に関するトラブルにはどんなものがあるのか

建物を建てる場合、その敷地が幅員4m以上の道路に2m以上接している必要があります（接道義務）。敷地に接する道路が第三者の所有する私道の場合もあり、通行権をめぐってトラブルになることもあります。また、敷地に接する道路が2項道路（⇨ P.14）の場合は、道路から建物をある程度離さなければなりません（セットバック）。

境界に関するトラブルにはどんなものがあるのか

建物を建てる際には、敷地の境界の確認が重要です。隣地所有者との間で境界の認識に不一致があると、越境建築などのトラブルにつながります。その他にも、埋設した境界標を隣地所有者が移動・撤去したり、自分の敷地の一部分について隣地所有者が時効取得を主張したりする可能性があります。トラブル防止のため、隣地所有者との間で、建物を建てる前に境界確認書を作成することが有効です。

2 建築基準法

どんな法律なのか

　建築基準法とは、建築物（⇨ P.24）の敷地・構造・設備・用途に関する最低限の基準を定めた法律です。建築基準法1条では、建築基準法の目的が示されています。具体的には、建築物に対する最低基準を定めて、国民の生命・健康・財産の保護を図ることによって、社会全体の権利・利益を調整する作用（公共の福祉）を増進することが、建築基準法の目的であると規定しています。

　建築基準法は、おもに建築物に関する技術的な基準を定めた法律という特色が強いのですが、詳細に見ていくと、設けられている規定について、いくつかの特色が見られます。たとえば、建築物の防火性、安全性、衛生を確保するため、個々の建築物を対象にした規定が設けられており、これらは単体規定と呼ばれています。さらに、建築基準法には、個々の建築物にとどまらず、建築物と道路との関係や建築物の用途など、良好な都市計画の実現に向けた規定も設けられており、これらは集団規定と呼ばれています。

　その他にも、建築基準法は、建築確認をはじめとする建築物に対する必要な検査に関する規定や、建築主事や特定行政庁（原則として市町村長）の権限に関する規定も盛り込んでいます。このように、建築基準法の規定内容を実現する上で、必要なしくみや体制に関する規定を設けていることも特色として挙げることができます。

どんなことを規定しているのか

　建築基準法は、全部で10の章から構成されていますが、大別すると、制度に関する規定と、建築物に関する技術的な規定などを含めた

● 建築基準法の構成 ·······················

制度に関する規定		第1章（総則）
		第3章の2（型式適合認定等）
		第4章（建築協定）
		第4章の2（指定建築基準適合判定資格者検定機関等）
		第4章の3（建築基準適合判定資格者等の登録）
		第5章（建築審査会）
		第7章（罰則）
実体的な規定	単体規定	第2章（建築物の敷地・構造・建築設備）
	集団規定	第3章（都市計画区域等における建築物の敷地・構造・建築設備・用途）
		第6章（雑則）

実体的な規定に分類することができます（上図参照）。

　たとえば、制度に関する規定の例として、第1章を挙げることができます。第1章は「総則」というタイトルで、建築基準法の目的や建築基準法で用いられる語句の定義などに関する規定が設けられています。これに対し、実体的な規定の例として、第2章を挙げることができます。第2章は、建築物の敷地・構造・建築設備に関する規定が設けられており、単体規定にあたります。

　なお、建築基準法は適用区域に注意する必要があります。原則として、建築基準法の適用区域は全国であり、とくに個々の建築物を対象とした単体規定に関しては、その適用区域は全国であるという特徴をもっています。

　これに対し、建築物と道路の関係や建築物の用途などに関する集団規定については、その適用区域が都市計画区域や準都市計画区域内に限られるのが原則です。これらの規定は、該当する地域の実情を考慮した基準の設定が必要になるため、全国一律の基準を用いることが困難であるとの考えから、地域によって規制の内容が異なります。

3 建築基準法上の道路

道路とは

　道路の定義は法律によってさまざまですが、敷地や建築物との関係では、建築基準法42条の定義が重要です。建築基準法上の道路は、原則として幅員4m以上（一定の区域内では幅員6m以上）でなければなりません。道路には、次の種類があります。

① 道路法による道路

　一般交通に利用する道路で、一般国道、都道府県道、市町村道などがあります。

② 開発道路

　都市計画法などによる道路で、幹線街路や区画街路などがあります。

③ 既存道路

　建築基準法の施行時や都市計画区域などの指定時に、すでに幅員4m以上（一定の区域内では6m以上）の道として存在し、現在利用されているものは、建築基準法上の道路にあたります。

④ 計画道路

　都市計画法などによる道路設置の事業計画があり、2年以内に事業を執行する予定である道路として、特定行政庁（建築主事を置く市町村や特別区の場合は市町村長や区長、建築主事を置かない市町村や特別区の場合は都道府県知事）によって指定されたものは、建築基準法上の道路として扱われます。

⑤ 位置指定道路

　上記の①〜④の道路でなくても、特定行政庁が指定した場合は、建築基準法上の道路になります。

⑥ 2項道路

● 道路とは

さまざまな名称	国道・県道、歩道、高速道路　など
広い意味の道路	公　道：行政が管理する道路 私　道：私人が管理する道路
建築基準法上の道路	道路法による道路、開発道路、既存道路、 計画道路、位置指定道路、２項道路　など

　建築基準法の施行時や都市計画区域などの指定時に、すでに存在していた道の幅員が４ｍ未満であっても、特定行政庁の指定により道路とみなす場合があります。建築基準法42条2項が定めているため、２項道路と呼ばれます。

道路にあたらない道とは

　建築基準法上の道路の種類は上記のとおりですが、建築基準法上の道路にあたらない道は、法定外公共物と私道に分類することができます。

① **法定外公共物**

　法定外公共物とは、道路法や河川法などの適用がなく、私人の所有権や利用権が設定されていない公共物をいい、里道や水路などが含まれます。古い公図では、里道は赤色、水路は青色で示されていたことから、赤線、青線と呼ばれることがあります。古くからある農道や林道は、里道として法定外公共物にあたる場合が多いのですが、建築基準法上の道路にあたる場合もあります。

② **私道**

　私道とは、私人が所有する土地で、道として使用されているものです。誰にでも通行を許している私道もあれば、隣地の所有者など特定の者にしか通行を許していない私道もあります。私道については、２項道路や位置指定道路などに指定されていなければ、建築基準法上の道路にはあたりません。

4 境界と境界線

境界とは

　境界とは、土地と土地の境目のことです。境界には、公法上の境界と私法上の境界の2つの意味があります。公法上の境界とは、登記されて地番が割り当てられて区分された土地と土地の境目のことです。公法上の境界は、国のみが決定することができ、国によって地番が割り当てられて区分された土地は「一筆、二筆…」と数えます。私法上の境界とは、土地の所有権が及ぶ範囲の境目のことです。

　公法上の境界と私法上の境界は一致することが多いのですが、一致しない場合もあります。したがって、公法上の境界を基準にすると一筆の土地であっても、私法上の境界を基準にすると所有者の異なる複数の土地となっている場合があります。たとえば、一筆の土地の一部を、長期にわたり自分の土地と信じて使用していた場合、時効によって所有権を取得することがあります。この場合、一筆の土地の一部について所有権の取得が生じるため、公法上の境界と私法上の境界の不一致が生じます。また、一筆の土地を分割して売買したにもかかわらず、分筆登記を怠ったときも、公法上の境界と私法上の境界の不一致が生じます。

境界標を設置するには

　境界標とは、境界の目印となる杭などのことで、境界の位置を明確にするために設置されます。境界標は土地の所有者により設置することができます。これを界標設置権ともいいます。境界標の設置や保存の費用は、隣接する土地の所有者と折半するのが原則です。境界標の設置後も定期的に管理して保存を図ることが重要です。

● 公法上の境界と私法上の境界 ･･････････････････････････････

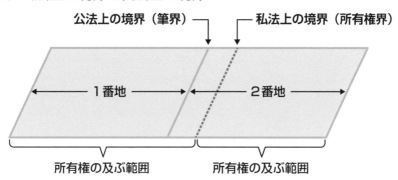

公法上の境界（筆界）━┐　　　┌━ 私法上の境界（所有権界）

1番地　　　2番地

所有権の及ぶ範囲　　　所有権の及ぶ範囲

　なお、境界標が設置されていれば、境界標が示す地点に公法上の境界があると認める有力な事情になります。しかし、それでも境界をめぐって隣地の所有者と争いになる場合があり、訴訟の結果として、境界標の示す地点とは異なる地点が境界であると判断されることもないとはいえません。

■ 境界が不明である場合に取るべき手段

　公法上の境界が不明である場合は、法務局の登記官が行う筆界特定制度や、裁判所に提起する境界（筆界）確定訴訟を利用することになります。筆界特定制度は、解決のスピードやコストの面でメリットがありますが、筆界特定制度での判断は、公法上の境界を最終的に確定させる効力がなく、後の境界確定訴訟により変更される可能性があります。登記官や裁判所は、当事者の主張や証拠に拘束されることなく、公法上の境界の所在を判断します。

　他方、私法上の境界が不明である場合は、隣地の所有者との間で合意ができれば、それが最も簡単な方法です。私法上の境界は合意で定めることが可能だからです。しかし、合意ができないときは所有権確認訴訟の提起が考えられます。なお、所有権確認訴訟では、裁判所は、当事者の主張や証拠に基づき、私法上の境界の所在を判断します。

5 相隣関係

相隣関係とは

相隣関係とは、隣接する土地や建物をめぐる法律関係のことです。

土地や建物の所有者は、原則として、その土地や建物を自由に利用する（自ら使用する、賃貸して収益を得るなど）ことができます。しかし、利用状況によっては、隣接する土地や建物に大きな影響を及ぼす場合があり、所有者の自由に任せるだけでは、円満な土地や建物の利用が妨げられることになります。

そこで、民法では、隣接する土地や建物の相互の利用を調整するために、一定の権利を与えたり、制限を加えたりする規定を置いています。

民法の相隣関係に関する規定には、次のようなものがあります。

① 隣地使用権

隣地（隣接する土地）との境界やその付近に塀や建物を建築したり修繕したりする際、隣地に立ち入らなければ建築や修繕をすることができない場合が想定されます。民法では、そのような場合に、土地の所有者が、隣人に対し、建築や修繕に必要な範囲内で、隣地の使用を請求することを認めています。ただし、隣人の承諾がなければ、その住居に立ち入ることはできません。また、隣地の使用によって隣人が損害を被った隣人は、補償金を請求することができます。

② 袋地所有者の囲繞地通行権

他の土地に囲まれていて公道に通じていない土地を袋地といい、袋地を囲んでいる他人の土地を囲繞地といいます。本来、他人の土地を通行する権利はありませんが、袋地所有者は、囲繞地を通らない限り、公道に出ることはできません。そのため、袋地を有効に利用するためには、囲繞地を通行する権利を認めざるを得ません。そこで、袋地所

● 相隣関係に関する民法の規定

規　定	内容など
① 隣地使用権	境界やその付近の建築や修繕に必要な限りで、隣地の使用を請求する権利
② 袋地所有者の囲繞地通行権	袋地所有者が公道に出るために囲繞地を通行する権利
③ 水流についての規定	水流に関する利害関係を調整するための規定
④ 界標設置権	隣地との境界に境界標を設置することができる権利
⑤ 囲障設置権	境界線上に塀や柵などを設置する場合の費用や所有権に関する規定
⑥ 越境する樹木の枝・根の切除に関する規定	・境界線を越える隣地の竹木の枝の切除を請求する権利 ・境界線を越える隣地の竹木の根を切除する権利
⑦ 境界線付近の建築の制限	・境界線から50cm以上の距離が必要 ・建築基準法が優先
⑧ 境界線付近の目隠しの設置	・境界線から1m未満の距離に窓やベランダを設ける場合は目隠しを設置
⑨ 境界線付近の掘削の制限	・井戸を掘る場合は、境界線から2m以上の距離が必要で、工事にあたっては隣地に土砂の崩壊や水の漏出などが及ばないようにしなければならない

有者には、公道へ出るために、囲繞地を通行する権利が認められています。必要があるときは、通路を開設することもできます。

　ただし、自分の土地を通行される囲繞地の所有者の不利益にも配慮することが必要です。そのため、袋地所有者が囲繞地を通行する際には、通行に必要な範囲で、最も損害が少ない方法にしなければなりません。また、通行する囲繞地に生じた損害について、袋地所有者は補償金を支払わなければなりません。通路の開設のために生じた損害についての補償金は一度に支払う必要がありますが、その他の補償金は1年ごとに支払うこともできます。

　なお、一筆の土地を分割し、または一筆の土地の一部を譲渡したた

めに袋地が生じた場合、袋地所有者は、分割された他の土地について
のみ通行することができます。この場合は、補償金を支払う必要があ
りません。

③　水流についての規定

　水流は一定の土地にとどまらずに、多くの場合、所有者の異なる土
地を横断して流れていきますので、利害調整のルールが必要となりま
す。河川法など他の法律の規定による場合もありますが、民法では、
おもに次のような規定があります。たとえば、土地の所有者は、隣地
から水が自然に流れてくるのを妨げることはできません。他の土地の
貯水や排水のための工作物が壊れたり、ふさがったりしたことによっ
て、自己の土地に損害が生じ、または生じるおそれがあるときは、工
作物の修繕や障害物の除去などを請求することができます。また、雨
水が直接隣地に注ぐ構造の屋根を設置することはできません。

④　界標設置権

　界標設置権とは、隣地との境界に境界標を設置することができる権
利です。境界標は、コンクリート杭などを使用します。境界標の設置
や保存の費用は、隣地の所有者との間で折半するのが原則です。

⑤　囲障設置権

　所有者の異なる2棟の建物があり、それらの建物の間に空地がある
ときは、その境界に塀や柵などの囲障を設置することができます。囲
障の設置や保存の費用は折半が原則です。

⑥　越境する樹木の枝・根の切除

　隣地の竹木の枝が境界線を越える場合、土地の所有者は、竹木の所
有者に対し、その枝の切除を請求することができます。また、隣地の
竹木の根が境界線を越える場合は、その根を切除することができます。

⑦　境界線付近の建築の制限

　建物を建てる際には、境界線から50cm以上の距離を保たなければ
なりません。ただし、この民法の規定よりも建築基準法の規定を優先

します。たとえば、防火地域や準防火地域内にある建築物で外壁が耐火構造の場合は、外壁を境界線に接して設けることができます。

⑧　境界線付近の目隠しの設置

　境界線から1m未満の距離に、隣地を見通すことができる窓やベランダなどを設置する場合は、目隠しをつけなければなりません。

⑨　境界線付近の掘削の制限

　井戸などを掘る場合は、境界線から2m以上の距離が必要で、工事をする際には、隣地に土砂の崩壊や水の漏出などが及ばないように注意しなければなりません。

所有権に基づく主張

　隣地の所有者などによって自分の土地や建物の所有権を侵害されたときは、所有権に基づいて一定の請求をすることが認められます。たとえば、隣人の建物が自分の土地の上に越境している場合、建物の越境部分を収去して土地を明け渡すように請求することができます（所有権に基づく返還請求権）。また、隣人が勝手に自分の土地を通行している場合は、通行しないように請求することができます（所有権に基づく妨害排除請求権）。さらに、隣地の崖が崩れて土砂が流入するおそれがある場合は、崖の補強工事をするように請求することもできます（所有権に基づく妨害予防請求権）。

トラブルを防ぐ努力も大切

　相隣関係でトラブルになった場合は、上記のような法的権利を行使することができます。しかし、土地や建物を手放すのは容易でなく、隣人とは長い付き合いになる場合が多いので、良好な関係を保つためにも、なるべくトラブルに至らないようにするのが重要です。たとえば、建築工事に先立ち、周辺住民に挨拶し、隣地との境界を確認し、規模によっては建築工事の内容を説明することなどが重要です。

眺望権は認められているのか

眺望権とは、建物の所有者や占有者が、一定の風景を他の建物などに妨害されることなく眺望できる権利です。一定の要件の下、眺望権の侵害を受けたときは損害賠償請求などが可能な場合があります。

たとえば、眺めが良いことが気に入り高台にある住宅を購入したのに、向かい側にマンションが建つことになり、部屋からの眺めが悪くなるというケースで、眺望権が認められるでしょうか。

騒音や日照などの問題は、心身の健康に直接影響がある可能性が高く、保護する必要があります。しかし、眺望が悪くなっても心理的充足感や愉悦感を阻害するにすぎず、日常生活に直接影響があるとはいえず、周辺地域の開発など環境の変化により、眺望が自ずと変容することはある程度仕方がないといえます。したがって、本ケースで眺望を妨げているマンションが法律を守った建築物である場合には、受忍限度を超えるものとはいえず、眺望権の侵害は認められないと考えられます。

眺望権が認められる可能性が高いケースとしては、リゾート地などの景勝地にあるホテルや旅館などが、眺望が悪くなったことが原因で集客が減ってしまい、直接経済的に不利益を受けた場合です。

もっとも、住宅購入時に販売会社が眺望の良さを謳っており、購入して間もなく向かい側にマンションが建つことを知っていたのに、買主にそれを説明しなかった場合などは、販売会社に対して損害賠償請求ができる可能性があります。

また、眺望確保のため合意ができるのであれば、隣地の所有者との間で、眺望を妨げるような一定の高さ以上の建築物を建てないことを目的とする眺望地役権を設定しておくことも有効です。

第2章

建築基準法の
全体像

1 建築物

建築物とは

　建築物といえば、一般的には、住宅、ビル、工場、倉庫といった建物が想定されますが、建築基準法における建築物は、土地に定着する工作物のうち、以下の①～⑤のいずれかにあたるものを指します。

①　屋根があり柱あるいは壁があるもの

　「屋根＋柱」もしくは「屋根＋壁」を備えたものを指します。たとえば、コンテナを利用したカラオケボックスは「屋根＋壁」を備えるので建築物に含まれます。また、載置式の自動式2段駐車場は「屋根＋柱」を備えるので建築物に含まれます。

②　①に該当するものに附属する門もしくは塀

　更地（何も建っておらず、自由に建築できる土地）の上に独立して門や塀が設置されている場合は、①に該当するものに附属しないので、建築物にあたりません。

③　観覧のために用いる工作物

　たとえば、野球場や競馬場のスタンドなどが含まれます。「観覧のために用いる工作物」に該当するものは、①の要件とは関係なく、屋根がなくても建築物に含まれるのが特徴です。

④　地下あるいは高架に設けられている工作物内に設ける事務所、店舗、興行場、倉庫など

　たとえば、地下街に設置されている地下駐車場やテレビ塔に設けられた店舗などが含まれます。

⑤　①～④のいずれかに該当するものに設ける建築設備

　たとえば、ビルに設置される電気・ガス・給排水のための設備やエレベーターなどが含まれます。

● 建築基準法における建築物 ⋯⋯⋯⋯⋯⋯⋯⋯⋯⋯⋯⋯⋯⋯⋯⋯⋯⋯⋯

建築基準法の 適用がある建築物 （土地に定着した工作物 のうち、①〜⑤のいずれ かに該当するもの）	① 屋根があり、柱あるいは壁がある建築物
	② ①の建築物に附属する門もしくは塀
	③ 観覧のために用いる建築物
	④ 地下あるいは高架に設ける工作物内に設置 した事務所、店舗、興行場、倉庫など
	⑤ ①〜④の建築物に設ける建築設備
建築基準法の 適用がない建築物	⑥ 鉄道・軌道の線路敷地内の運転保安に関係 する施設、跨線橋、プラットホームの上家、 貯蔵槽など
	⑦ 文化財建築物
	⑧ 既存不適格建築物

建築基準法の適用を受けない建築物がある

　前述の①〜⑤のいずれかを満たす限り、全国にあるすべての建築物について建築基準法が適用されるのが原則です。ただし、建築物であっても、以下のいずれかに該当する場合には、建築基準法の規定が適用されません。

⑥　**鉄道・軌道の線路敷地内の運転保安に関係する施設、跨線橋、プラットホームの上家、貯蔵槽など**

　駅の事務室や待合室には建築基準法が適用されます。

⑦　**文化財建築物**

　文化財保護法に基づく国宝や重要文化財といった文化遺産にあたる建築物などが挙げられます。

⑧　**既存不適格建築物**

　現行の建築基準法が施行される前から存在し、現行の建築基準法に適合しない建築物のことです。事後の法改正により取壊しを求めるのは酷なので、建築基準法の多くの規定が適用されず、規制が緩和されています。

2 建築物の敷地

敷地と敷地面積

　敷地とは、1つの建築物あるいは用途上不可分の関係にある2つ以上の建築物のある一団の土地のことです。「用途上不可分の関係」にあるか否かは、建築物ごとに個別に判断します。たとえば、学校においては、校舎、体育館、図書館などの施設が必要であることから、これらの建築物が用途上不可分の関係にあると判断することができます。「一団の土地」とは、一体的な利用を想定したひとまとまりの土地を指します。たとえば、A地、B地、C地という複数の土地があっても、学校としての一体的な利用を想定している場合には、A地、B地、C地が「一団の土地」に該当する結果、それらが学校の敷地として扱われます。

　敷地面積とは、敷地の水平投影面積（真上から見たときの外周で求めた面積）を指します。したがって、敷地に勾配や凹凸があっても、その敷地を水平面に投影して敷地面積を算出します。

　ただし、2項道路に接する敷地のセットバック部分などは、例外的に敷地面積に算入しません。道路は原則として幅員が4m以上必要ですが、2項道路とは、幅員4m未満の道のうち、特定行政庁（原則として市町村長）が道路として指定したものです。将来的に4mの幅員を確保するため、2項道路に接する敷地上の建築物を建て替える際は、道路の中心線から2m後退する必要があり（セットバック）、このセットバック部分は敷地面積に算入しません。

敷地に関する衛生や安全を確保するための措置

　建築基準法では、敷地について、衛生上・安全上、常に良好な状態

● 敷地の衛生・安全に関する建築基準法の規定 ･････････････

敷地に接する道 などよりも 高くする措置	・建築物の敷地は、敷地に接する道の境より高く なければならない ・建築物の地盤面は、その敷地に接する周囲の土 地よりも高くなければならない
盛土や地盤の改良	・湿潤な土地、出水のおそれが高い土地、ゴミな どで埋め立てられた土地に建築物を建築する場合 には、盛土、地盤の改良など、衛生や安全に配慮 した必要な措置を講じる必要がある
下水管や下水口 などの設置	・建築物の敷地には、雨水、汚水を排出、処理す るために必要な下水管、下水溝、ためますなどの 施設を設置しなければならない
擁壁の設置などの 措置	・建築物が崖崩れなどによる被害を受けるおそれ がある場合には、擁壁の設置などの安全上適当な 措置を講じなければならない

を確保するために講じるべき措置などを示しています。

　まず、建築物の敷地は、敷地に接する道の境より高くなければなら
ず、建築物の地盤面（建築面積、建築物の高さ、軒の高さの算定基
準）は、その敷地に接する周囲の土地よりも高くなければなりません。
ただし、敷地内の排水に支障がない場合や、建築物の用途によって防
湿の必要がない場合には、これらの措置は不要です。

　次に、湿潤な土地、出水のおそれが高い土地、ゴミなどで埋め立て
られた土地に建築物を建築する場合には、盛土、地盤の改良などの衛
生や安全に配慮した必要な措置を講じる必要があります。

　また、建築物の敷地には、雨水、汚水を排出、処理するために必要
な下水管、下水溝、ためますなどの施設を設置しなければなりません。

　さらに、建築物が崖崩れなどによる被害を受けるおそれがある場合
には、擁壁の設置などの安全上適当な措置を講じなければなりません。
ただし、この場合の安全上の措置については、地方の実情に応じて、
条例に基づく制限が付加されている場合が多いといえます。

3 建築物の基礎

基礎とは

　基礎とは、建築物の荷重を地盤に伝える構造のことです。構造耐力上主要な部分（建築物の荷重を支えて、風圧や震動などの外力に対抗するための建築物の基本的な部分）のひとつにあたります。

　建築物の基礎は、建築物に作用する荷重や外力を安全に地盤に伝え、かつ、地盤の沈下や変形に対して構造耐力上安全なものでなければなりません。そして、建築物の基礎の構造は、建築物の構造や形態、地盤の状況を考慮して国土交通大臣が定めた構造方法を用いなければならず、異なる構造方法による基礎の併用は認められないのが原則です。

　具体的には、高さ13mあるいは延べ面積（建築物の各階の床面積の合計）3000㎡を超える建築物で、その建築物に作用する荷重が最下階の床面積1㎡あたり100キロニュートン（≒10t）を超える建築物の基礎の底部は、良好な地盤に達していなければなりません。また、打撃、圧力、振動により設置する基礎杭（基礎ぐい）は、打撃や外力について構造耐力上安全なものでなければなりません。さらに、建築物の基礎に使用する木杭（木ぐい）は、平家建ての木造の建築物に使用する場合を除いて、常水面下（常に水に浸かっている状態）にあるようにしなければなりません。

地盤調査の必要性

　地盤調査とは、建築物を建築する予定の土地について、どの程度の荷重や沈下に対する強度があるのかを調査することをいいます。地盤調査を行う目的は、土地が建築物を安全に支えることができるのかを確認する点にあります。地盤調査の結果、建築物を支えることができ

● ボーリング調査 ·····································

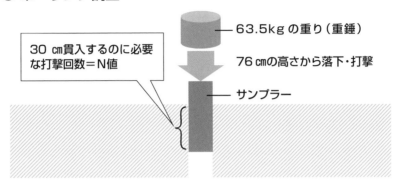

30 ㎝貫入するのに必要な打撃回数＝N値

63.5kg の重り（重錘）

76 ㎝の高さから落下・打撃

サンプラー

ないと判明した場合に、いかなる措置を講じて建築物の建築を可能にするのかを検討するためにも、地盤調査を行う必要があります。

　地盤調査には、さまざまな方法がありますが、おもにボーリング調査（標準貫入試験とも呼ばれます）によります。ボーリング調査とは、穴を掘って地盤調査を行う方法を指します。とくに地盤の強度を調査する場合には、掘った穴の中にサンプラーと呼ばれる鉄製の柱を打撃により貫入することで、地盤の強度を調査することができます。

　ボーリング調査の結果を示す数値として、N値と呼ばれる数字が用いられます。具体的には、63.5kgの重り（重錘）を76cmの高さから落下させ、サンプラーを地面に30cm貫入するために加えた打撃の回数がN値です。N値の数値が大きいほど、調査対象の地盤が固いことを示しています。

　ボーリング調査の結果、地盤が軟弱であると判明した場合には、より硬度のある地盤まで杭を深く打ち込まなければ、建築物を支えることができません。ボーリング調査を通じた地盤調査を行うことで、杭を打ち込む深さなどを調整することが可能になります。

4 建築物の高さと地盤面

地盤面とは

　地盤面とは、建築物が周囲の地面と接する位置の平均の高さにおける水平面をいいます。地盤面は、建築面積、建築物の高さ、軒の高さを算定する際の基準として用いられます。

　ただし、建築物が周囲の地面と接する位置の高低差が3mを超える場合には、その高低差3m以内ごとの平均の高さにおける水平面が地盤面にあたります。この場合は、1つの建築物に複数の地盤面があることになりますので、その部分ごとに高さを算定する必要があります。これを平均地盤面といいます。平均地盤面を算定する領域の設定は、原則として、建築物が地面と接する位置の最高地点あるいは最低地点から3mごとに区切るという方法を用います。また、市町村などの地方公共団体は、必要がある場合には、条例により区域を定めて、地盤面を定めることが認められています。

　なお、日影規制（⇨ P.172）の測定面を決定する際に、平均地盤面を用いる場合には注意が必要です。日影規制の測定面を決定する際に用いる平均地盤面については、高低差3m以内ごとに区切る方法は用いられず、敷地内の建築物全体について、地盤面の平均をとる方法を用います。そのため、日影規制の場面において、敷地全体で平均地盤面が複数存在することはありません。

軒の高さとは

　軒の高さとは、地盤面から建築物の小屋組（屋根を支えるための骨組み）、あるいはこれに代わる横架材（梁などの水平方向に設置する構造材）を支える壁・敷桁・柱の上端までの高さをいいます。軒の高

● 地盤面の算定方法 ・・・

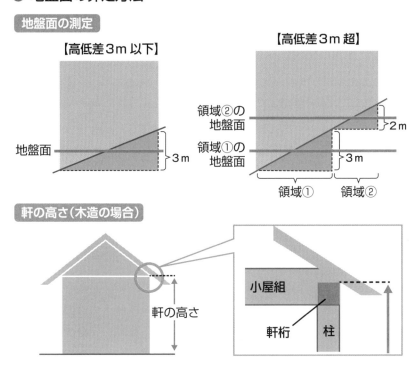

さは、建築物の規模を表す1つの指標として用いられます。軒の高さは、第一種低層住居専用地域、第二種低層住居専用地域、田園住居地域内の建築物の日影規制の基準にもなります。具体的には、これらの地域内の建築物の軒の高さが7mを超える場合には、日影規制の対象に含まれます。また、軒の高さは、一定の構造耐力を要求する基準や、一定の耐火性能を要求する基準にもなっています。軒の高い建物であればあるほど、倒壊の危険や、火災時の周囲への延焼の危険が高まるからです。

　なお、軒の高さの計測は、建築物の種類によって方法が異なる点に注意が必要です。

5 建築物を建てられる地域 と建てられない地域

都市計画と建築基準法の関係

建築基準法は、建築物の安全や衛生を確保するための基準を規定した法律です。建築基準法の規定の中には、個々の建築物に関する単体規定と、複数の建築物の調和を考慮した集団規定とが存在する点は、前述したとおりです（⇨ P.12）。

このうち集団規定は、おもに都市計画を実現するための規定といわれています。そして、ここでの「都市計画」とは、都市計画法が規定する都市計画のことを指します。

都市計画法は、都市の計画的な整備や発展のために必要な事項を規定した法律です。そして、都市の健全な発展と秩序ある整備のために、全国の土地を都市計画区域、準都市計画区域、無指定区域（どちらにも指定されていない区域）の3つに大きく分類しています。建築基準法の集団規定は、その適用区域が都市計画区域と準都市計画区域とに限定されています。

都市計画区域とは、一体の都市として総合的に整備・開発・保全をする必要があり、都市計画が策定される区域を指します。都市計画区域においては、策定された都市計画に基づき、土地利用の規制、都市施設の整備、市街地開発事業などが実施されます。これに対し、準都市計画区域とは、都市計画区域外の区域のうち、相当数の住居などの建築物の建築や敷地の造成が行われており（建築・造成の見込みがある場合を含みます）、そのまま放置しておくと将来的に都市としての整備・開発・保全に支障があると認められる区域を指します。

都市計画に関しては、都市計画区域において策定・実施されるのが基本です。都市計画の内容として、都市計画区域の整備・開発・保全

● 都市計画と建築基準法の関係 ·····················

建築基準法

- ● 個々の建築物の安全や衛生に関する基準（個別規定）
- ● 建物と周辺環境との調和を図るための規定（集団規定）

→ **都市計画法** に基づいて都市計画が定められている

都市の健全な発展と秩序ある整備が目的

∴都市計画区域、準都市計画区域、無指定区域に分類
　⇒（原則）都市計画区域において都市計画を実施
　　（例）区域区分の実施（市街化区域と市街化調整区域の区別）など

の方針（都市計画マスタープラン）、区域区分、地域区分、都市施設の整備、市街地開発事業などが挙げられます。

区域区分（市街化区域と市街化調整区域）

　都市計画の一環として、無秩序な市街化を避け、計画的に市街化を進める必要がある場合に、都市計画区域を市街化区域と市街化調整区域とに分類を行うことを区域区分といいます。なお、区域区分を定めない都市計画区域も存在し、これを非線引き区域と呼ぶことがあります。

　市街化区域とは、すでに市街化が行われている区域、あるいはおおむね10年以内に優先的・計画的に市街化を図るべきだと考えられる区域のことです。市街化区域においては、土地利用の秩序づけや都市環境の形成・発展のために、地域ごとに用途を指定したり（用途地域の指定）、道路、公園、上下水道といった都市施設の計画などが実施されます。

　これに対し、市街化調整区域とは、市街化の抑制が必要な区域のことです。市街化調整区域では、建築可能な建築物が制限されるとともに、市街地開発に関わる行為も制限されます。

6 用途地域

用途地域とは

　用途地域は、都市計画法8条が規定する地域地区の一種です。地域地区とは、都市計画区域内の土地を利用目的によって区分し、建築物などについて必要な制限を課すことで、土地の合理的活用を図る制度です。このうち用途地域は、市街化区域に必ず定められる地域地区であって、地域地区の基本的なものとして位置づけられています。

　都市計画の目的は、土地の合理的活用によって、都市機能の維持・増進や住環境の保護などを実現することにあります。そこで、都市計画により区分した地区ごとに、その土地に適した建築物の建築などを行っていくことが、効率的な都市計画の実現につながることから、用途地域が定められています。なお、用途地域以外の地域地区として、特別用途地区、防火地域・準防火地域（⇨P.54）などがあります。

　そして、都市計画において定められた用途地域ごとに、建築基準法に基づいて、各々の用途地域内の土地において建築することができる建築物（建築物の用途制限）が決まります。その他にも、用途地域ごとに、建築物の容積率、建蔽率の制限や、高さ制限などが決まっています。

用途地域の種類

　用途地域は、住居系、商業系、工業系の3種類に大きく分類することができます。都市計画法においては、以下の13種類の用途地域を規定しています。

① **第一種低層住居専用地域**

　低層住宅の良好な住居の環境を保護することを目的とする用途地域

● 13種類の用途地域 ．．．

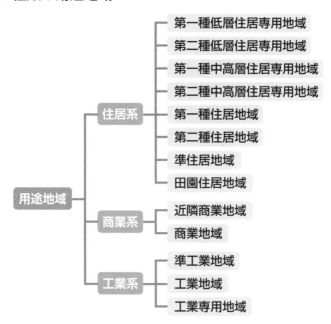

を指します。

② **第二種低層住居専用地域**

　第一種低層住居専用地域が低層住宅の良好な住居の環境の保護に特化しているのに対し、第二種低層住宅専用地域は「主として」低層住宅の良好な住居の環境の保護を目的とする用途地域を指します。①に比べて、小規模な店舗などの建築が許容されています。

③ **第一種中高層住居専用地域**

　中高層住宅（マンションなど）の良好な住居の環境を保護することを目的とする用途地域を指します。①や②と異なり、大学や病院を建てることもできます。

④ **第二種中高層住居専用地域**

　第一種中高層住宅専用地域が中高層住宅の良好な住居の環境の保護に特化しているのに対し、第二種中高層住宅専用地域は「主として」

中高層住宅の良好な住居の環境の保護を目的とする用途地域を指します。③に比べて、より大きな店舗や事務所を建てることができます。

⑤ 第一種住居地域

　住居の環境を保護することを目的とする用途地域を指します。商業的な用途の建築物が①〜④に比べて広く許容されます。

⑥ 第二種住居地域

　第一種住居地域が住居の環境の保護に特化しているのに対し、第二種住居地域は「主として」住居の環境の保護を目的とする用途地域を指します。⑤よりも商業的な用途の建築物が広く許容されます。

⑦ 準住居地域

　道路の沿道としての地域の特性にふさわしい業務の利便の増進を図りつつ、これと調和した住居の環境を保護することを目的とする用途地域を指します。幹線道路に沿って設定されることが多いのが特徴です。

⑧ 田園住居地域

　都市部に残る貴重な農地を保全しつつ、これと調和した低層住宅の良好な住居の環境を保護することを目的とした用途地域を指します。低層住宅と農地との調和を行おうとするのが特徴です。

⑨ 近隣商業地域

　近隣の住宅地の住民に対する日用品の供給を行うことを主たる内容とする、商業その他の業務の利便を増進することを目的とした用途地域を指します。

⑩ 商業地域

　主として商業その他の業務の利便を増進することを目的とした用途地域を指します。

⑪ 準工業地域

　主として環境の悪化をもたらすおそれがない工業の利便を増進することを目的とした用途地域を指します。工場、事務所、商店、住宅の混在が許容されているのが特徴です。

● 第一種・第二種低層住居専用地域内に建築可能な建築物 …

用途地域の種類	建築可能な建築物（建築物の用途制限）
第一種 低層住居専用 地域	住宅
	住宅兼事務所、住宅兼店舗など
	共同住宅、寄宿舎、下宿
	学校（大学などを除く）、図書館など
	神社、寺院、教会など
	老人ホーム、保育所、福祉ホームなど
	公衆浴場
	診療所
	巡査派出所、公衆電話など、一定の公益上必要な建築物
	上記の建築物に附属するもの
第二種 低層住居専用 地域	第一種低層住居専用地域に建築可能な建築物
	店舗、飲食店などの用途に利用する部分の床面積が150㎡以内である2階以下の建築物
	上記の建築物に附属するもの

⑫　工業地域

　主として工業の利便を増進することを目的とした用途地域を指します。大規模な工場の建築が許容されています。

⑬　工業専用地域

　工業の利便を増進することを目的とした用途地域を指します。工業の利便の増進に特化しているので、工業地域では建築が認められている住宅の建築が、工業専用地域では認められていません。

用途地域内における建築物の用途制限

　建築基準法は、各々の用途地域内の土地において建築することができる建築物を制限しています。これを建築物の用途制限といいます。建築物の用途制限の詳細については、おもに地方自治体のウェブサイ

トにおいて、建築物の用途制限の概要を一覧表としてまとめたものが掲載されているため、その一覧表を見て建築物の用途制限を確認することができます。

建築物の用途制限の詳細を確認するには、「建築基準法別表第二」を見る必要があります。その際に注意が必要なのは、建築物の列挙の方法です。第一種低層住居専用地域、第二種低層住居専用地域、第一種中高層住居専用地域、田園住居地域については、各々の用途地域内に建築することができる建築物を列挙しています。しかし、その他の用地地域については、各々の用途地域内に建築してはならない建築物を列挙しています。

その他、物品販売店舗と共同住宅とを一棟の形式で建築する場合のように、複数の用途がある１つの建築物（複合用途建築物）については、その用途のすべてが用途地域内における建築物の用途制限を満たしていることを確認しなければなりません。

用途地域を補完する特別用途地区

用途地域と同じく地域地区のひとつである特別用途地区にも注意する必要があります。特別用途地区とは、土地利用の増進や環境の保護などの特別の目的を実現するため、用途地域内の一定の地区における建築物の用途制限を付加し、あるいは緩和する形で、用途地域の指定を補完する都市計画のことを指します。特別用途地区は、用途地域と同じく、市町村が定める都市計画で決定されますが、用途地域と異なり、市町村の創意工夫によって独自の名称を付けることが認められています。

特別用途地区に関する建築物の制限・禁止に関して必要な規定は、地方公共団体の条例によって定められています。

特例許可による建築物の用途制限の緩和

用途地域においては、建築物の用途制限が定められていますが、用途地域の指定によっては建築できない用途の建築物を、例外的に建築することができる場合があります。そのひとつが、前述した特別用途地区によって建築物の用途制限が緩和された場合です。

もう一つが、特定行政庁（原則として市町村）が建築を許可した場合です。これを特例許可といいます。具体的には、用途地域の指定によっては建築できない用途の建築物であっても、特定行政庁が各々の用途地域における市街地環境を害するおそれがないと認めた場合、もしくは公益上やむを得ないと認めた場合には、特別に建築を許可することができるとする制度です。

ただし、特例許可をする場合においては、あらかじめ、特例許可について利害関係を持っている者の出頭を求めて公開により意見を聴取し、かつ、建築審査会（建築基準法に規定する同意や、不服申立てに対する判断などを行う機関）の同意を得なければならないことを原則としています。

建築物の敷地が異なる用途地域にまたがる場合

建築基準法は、建築物の敷地が異なる用途地域にまたがる場合には、その建築物や敷地の全部について、敷地の過半（半数超）が属する用途地域に関する規制が適用されると規定しています。建築物ではなく敷地を基準にして決めるのが特徴です。

たとえば、建築物が建っている敷地の51％が第一種低層住居専用地域、49％が田園住居地域である場合には、その建築物や敷地の全部について、敷地の過半が属する第一種低層住居専用地域に関する規制が適用されます。

7 容積率

容積率とは

　容積率とは、敷地面積に対する建築物の延べ面積（床面積の合計）の割合です。たとえば、敷地が200㎡、建築物の延べ面積が120㎡の場合、容積率は「120㎡（延べ面積）÷ 200㎡（敷地面積）= 0.6 = 60%」という形で算出します。都市計画において、良好な市街地環境を整備・開発・保全するためには、建築物が過密にならないように誘導する必要があります。建築物が過密になると人があふれ、インフラが追いつかなくなるなどのおそれがあるからです。そこで、建築物の密度を適切に規制するための指標として、容積率が用いられています。

　建築基準法は、都市計画区域内あるいは準都市計画区域内における用途地域ごとの容積率を規定しています（次ページ図）。たとえば、第一種低層住居専用地域・第二種低層住居専用地域・田園住居地域における容積率は、50%、60%、80%、100%、150%、200%のうち、その地域に関する都市計画において指定したものになります。都市計画において指定した容積率のことを指定容積率と呼んでいます。たとえば、ある田園住居地域内の容積率を150%と指定した場合には、その田園住居地域内では容積率が150%を超える建築物を建築することができなくなります。

道路幅員による容積率の制限

　容積率の算定にあたって注意しなければならないのは、道路幅員（道路の幅）による容積率の制限です。建築基準法は、前面道路の幅員が12m未満の場合における容積率は、前面道路の幅員のメートルの数値に用途地域ごとに定められた係数を乗じた数値（この数値を基

● 用途地域ごとの容積率（指定容積率）……………………………

用途地域	指定容積率
第一種・第二種低層住居専用地域、田園住居地域	50％、60％、80％、100％、150％、200％のうち、都市計画で定める
第一種・第二種中高層住居専用地域、第一種・第二種住居地域、準住居地域、近隣商業地域、準工業地域	100％、150％、200％、300％、400％、500％のうち、都市計画で定める
商業地域	200％、300％、400％、500％、600％、700％、800％、900％、1000％、1100％、1200％、1300％のうち、都市計画で定める
工業地域、工業専用地域	100％、150％、200％、300％、400％のうち、都市計画で定める
用途市域の指定のない地域	50％、80％、100％、200％、300％、400％のうち、特定行政庁が都市計画審議会の議を経て定める

準容積率といいます）以下でなければならないと規定しています。したがって、前面道路の幅員が12m未満の場合には、指定容積率と基準容積率のうち、いずれか厳しい方の容積率が適用されることになります。用途地域ごとの係数は、住居系の用途地域（⇨ P.34）は0.4を原則とします。これに対し、商業系・工業系の用途地域は0.6を原則とします（⇨ P.43図）。たとえば、指定容積率が200％（2.0）の第一種低層住居専用地域の敷地について、その前面道路の幅員が3mとします。この場合の基準容積率は、「3 × 0.4（基準容積率）＝ 120％（1.2）」であり、指定容積率よりも小さい数値が導かれるため、この敷地の容積率は120％となります。

　なお、1つの建築物について、2つ以上の前面道路がある場合には、幅員が最大の前面道路の幅員を基準にして、基準容積率の適用の有無を判断します。たとえば、指定容積率が200％（2.0）の第一種低層住居専用地域において、前面道路として幅員2mのものと幅員3mのものがある場合には、幅員の大きい3mの前面道路を基準にして基準容

積率を算出します。したがって、この場合の基準容積率は、上記の算出例と同様に120％（1.2）となります。

敷地が容積率の制限の異なる地域にまたがる場合

建築基準法は、建築物の敷地が容積率の制限の異なる2種類以上の地域・区域にまたがる場合には、各地域・区域ごとの敷地面積の面積比の按分比例（加重平均）によって、その敷地の建築物の容積率を算出すると規定しています。建築物の敷地が異なる用途地域にまたがる場合、建物の用途については、敷地全体についてその敷地の過半が属する用途地域に関する規制が適用されますが、これとは取扱いが異なります。たとえば、A敷地の面積が1000㎡、その前面道路の幅員が5mであるとします。A敷地について、指定容積率300％の第一種住居地域にあたる部分の面積が400㎡、指定容積率400％の商業地域にあたる部分の面積が600㎡から構成されている場合、A敷地の建築物の容積率は、以下のような手順で算出します。

まず、第一種住居地域にあたる部分の係数は0.4であるため、基準容積率は「5 × 0.4 ＝ 200％（2.0）」であり、指定容積率300％よりも小さい数値が導かれるため、容積率は200％（①）と算出されます。次に、商業地域にあたる部分の係数は0.6であるため、基準容積率は「5 × 0.6 ＝ 300％（3.0）」であり、指定容積率400％よりも小さい数値が導かれるため、容積率は300％（②）と算出されます。

A敷地の建築物の容積率は、加重平均によって算出しますので、「400㎡／1000㎡（全敷地面積に対する第一種住居地域にあたる部分の割合）× 200％（①）＋ 600㎡／1000㎡（全敷地面積に対する商業地域にあたる部分の割合）× 300％（②）＝ 260％（2.6）」となります。

容積率の算定に関する特例

建築基準法は、容積率の算定に関して、例外的に、一定の部分を延

● 道路幅員による容積率の制限（基準容積率）·····················

用途地域	係 数
第一種・第二種低層住居専用地域、田園住居地域	0.4
第一種・第二種中高層住居専用地域、第一種・第二種住居地域、準住居地域	0.4 ※特定行政庁が都道府県都市計画審議会を経て指定する場合は 0.6
近隣商業地域、商業地域、準工業地域、工業地域、工業専用地域	0.6 ※特定行政庁が都道府県都市計画審議会を経て指定する場合は 0.4 あるいは 0.8

べ面積に算入しないことを認めています。おもに算入しないものとする建築物の部分は、以下のとおりです。

・地階の住宅部分などに関する特例

　建築物の地階の天井が地盤面から高さ１m以下にあって、その地階の住宅部分（住宅の用途に利用する部分）などの床面積については、容積率の算定にあたり、その建築物の住宅部分などの床面積の３分の１を限度として、建築物の延べ面積に算入しません。

・共同住宅の共用部分などに関する特例

　建築物のエレベーターの部分や、マンションに代表される共同住宅などの共用の廊下・階段の部分（エレベーターホール、エントランスホールで共用の部分を含みます）の床面積については、容積率の算定にあたり、建築物の延べ面積に算入しません。

・その他の控除される部分

　たとえば、建築物内の自動車や自転車の車庫などが設置された部分（自動車車庫等部分）については、その建築物全体の床面積の５分の１を限度として容積率の算定にあたり、建築物の延べ面積に算入されません。また、建築物内の宅配ボックスが設置された部分（宅配ボックス設置部分）については、その建築物全体の床面積の100分の１を限度として容積率の算定にあたり、建築物の延べ面積に算入しません。

8 建蔽率（建ぺい率）

建蔽率とは

建蔽率（建ぺい率）とは、敷地面積に対する建築物の建築面積の割合です。「建築面積」とは、建築物を真上から見たときの外周で求められる面積のことで、一般的な住宅では基本的に1階部分の面積であると考えてよいでしょう。

建築物が建ち並んでいる場合には、ある程度の間隔を確保しなければ、日照・採光・通風・防火などの観点で妨げになるおそれがあります。また、密接した建築物同士では、お互いの建築物の住民などのプライバシーの確保も難しくなります。そこで、良好な市街地環境を整備・開発・保全する目的で、敷地に一定程度の空地を確保するための制度が建蔽率です。

なお、同一敷地内に複数の建築物がある場合には、それらの建築物の建築面積の合計を建築物の建築面積として、建蔽率を算出します。たとえば、1000㎡の敷地内に、建築面積が300㎡の建築物Aと200㎡の建築物Bが建築されている場合には、その敷地内の建築物の建蔽率は、「300㎡（建築物Aの建築面積）＋200㎡（建築物Bの建築面積）＝500㎡」を建築物の建築面積として、「500㎡÷1000㎡＝50％」と算出することになります。

用途地域ごとの建蔽率制限

建築基準法は、都市計画区域内あるいは準都市計画区域内における、おもに用途地域ごとの建蔽率の制限について規定しています（次ページ図）。これを指定建蔽率といいます。

たとえば、第一種低層住居専用地域における建築物の建蔽率は

● 用途地域ごとの建蔽率 ··

用途地域	指定建蔽率
第一種・第二種低層住居専用地域、第一種・第二種中高層住居専用地域、田園住居地域、工業専用地域	30%、40%、50%、60%のうち、都市計画で定める
第一種・第二種住居地域、準住居地域、準工業地域	50%、60%、80%のうち、都市計画で定める
近隣商業地域	60%、80%のうち、都市計画で定める
商業地域	80%
工業地域	50%、60%のうち、都市計画で定める
用地地域の指定のない区域	30%、40%、50%、60%、70%のうち、特定行政庁が都道府県都市計画審議会の議を経て定める

30%、40%、50%、60%と規定しています。これらの数値の中から、都市計画によって指定建蔽率を決定します。そして、その都市計画区域における第一種低層住居専用地域においては、指定建蔽率を上回る建築物を建築することができなくなります。なお、商業地域の指定建蔽率は80%と固定されています。

敷地が建蔽率の制限の異なる地域にまたがる場合

建築基準法は、建築物の敷地が指定建蔽率の異なる2種類以上の地域・区域にまたがる場合には、各地域・区域ごとの建築面積の面積比の按分比例（加重平均）によって、その敷地の建築物の建蔽率を算出すると規定しています。加重平均によって建蔽率を求める点では、容積率の場合と共通しています。

Q 建築物の外壁面から敷地境界線までの距離について制限はあるのでしょうか。

A 第一種低層住居専用地域・第二種低層住居専用地域・田園住居地域では、外壁の後退距離に関する制限に注意する必要があります。

　建築物の外壁あるいは外壁に代わる柱の面から敷地境界線までの距離のことを外壁の後退距離といいます。

　建築基準法は、第一種低層住居専用地域・第二種低層住居専用地域・田園住居地域内においては、都市計画によって外壁の後退距離を1.5 m以上もしくは1 m以上に指定することを認めています。都市計画において外壁の後退距離が指定された場合には、建築物の外壁などを敷地境界線から指定された距離だけ離して、敷地内に建築物を建築しなければなりません。外壁の後退距離に関する制限は、建築物を道路や隣地から後退して建築するように規制することによって、日照・通風・採光・防災などの観点から良好な住居の環境を維持することを目的としています。ただし、外壁の後退距離に関する制限は、都市計画に定めがある場合のみに適用されるため、都市計画に定めがなければ、外壁の後退距離に関する制限が及びません。

　なお、都市計画によって外壁の後退距離に関する制限が定められていても、以下のいずれかに該当する場合には、例外的に制限の対象から除外されます。

・外壁あるいは外壁に代わる柱の中心線の長さの合計が3 m以下である場合
・物置などの用途に供し、軒の高さが2.3m以下で、かつ、床面積の合計が5㎡以内である場合

なぜ建築物には高さの制限があるのでしょうか。絶対高さの制限についても教えてください。

 建築基準法では、日照・通風・採光など良好な都市環境を保護する目的で建築物の高さの制限が規定されています。

　敷地に建築する建築物の高さについて制限を設けなかった場合には、高い建築物が周囲の日照・通風・採光などを妨げるおそれがあります。道路付近に高い建築物が建ち並ぶことで道路が暗くなり、事故や治安悪化などを招くおそれもあります。そこで、建築基準法によって建築物の高さの制限が設けられています。

　建築物の高さの制限のうち、建築物それ自体の高さを制限する規定として絶対高さの制限を挙げることができます。建築基準法は、第一種低層住居専用地域・第二種低層住居専用地域・田園住居地域内においては、建築物の高さについて、10mあるいは12mのうち都市計画で定めた高さを超えてはならないと規定しています。

　ただし、10mと指定された地域でも、その敷地内に一定の空地を有し、かつ、その敷地面積が一定規模以上である建築物であって、特定行政庁が住環境を害するおそれがないと認めるものについては、絶対高さ制限は12mとなります。

　また、絶対高さ制限のある地域でも、敷地の周囲に広い公園、広場、道路その他の空地を有する建築物であって、住環境を害するおそれがないと認めて特定行政庁が許可したものや、学校その他の建築物であって、その用途によってやむを得ないと認めて特定行政庁が許可したものについては、例外的に絶対高さの制限の適用が除外されます。

9 建築設備

建築設備にはどんなものがあるのか

　建築設備とは、建築物に設置される各種の設備を指します。建築物と一体化して、安全や衛生の観点から、それぞれの役割を果たすことが想定されています。以下、本書で扱う建築物に関係の深い給水・排水などの配管設備と便所を中心に見ていきます。

① 給水・排水などの配管設備

　コンクリートへの埋設などにより腐食のおそれがある場所には、材質に合わせた腐食防止のための措置が必要です。また、建築物の構造耐力上主要な部分（建築物の荷重を支えて、風圧や震動などの外力に対抗するための建築物の基本的な部分）を貫通して配管する場合には、建築物の構造耐力に支障がないように配慮することが必要です。さらに、圧力タンクや給湯設備には、有効な安全装置を設けることが必要です。

　これらの他にも、配管設備の用途・性質に応じて遵守しなければならない基準が規定されています。

② 便所

　建築基準法は、終末処理場によって下水の処理ができる区域内では、水洗便所以外の便所（くみ取り便所など）の設置ができないと規定しています。また、便所から排水する汚物を終末処理場を持っている公共下水道以外に放流する場合には、衛生上支障がないように処理するために、し尿浄化槽を設置すべきことも規定しています。

　その他にも、環境や衛生の観点から、便所の構造などに関して遵守しなければならない基準が規定されています。

● 給水・排水設備や便所について遵守すべき基準 ⋯⋯⋯⋯⋯

給水設備 （飲料水の配管設備）	・給水設備とその他の配管設備とを直接連結させない ・給水設備の水栓の開口部については、あふれ面（水があふれはじめる水平面）と水栓の開口部との適当な垂直距離を保ち、水が逆流しないような措置を講じる ・漏水や水の汚染がないように配管する ・凍結防止のための措置を講じる ・給水タンク・貯水タンクは、ほこりなどの有害な物質が入らない構造とし、金属性の場合はさび防止のための措置を講じる
排水設備 （排水のための配管設備）	・雨水、汚水の量、水質に応じた有効な容量、傾斜、材質に配慮する ・排水トラップ、通気管を設置するなど衛生上必要な措置を講じる ・排水設備の末端は、公共下水道、都市下水路などの排水設備に連結させる ・汚水に接する部分は、不浸透質の耐水材料を造る
便所	・採光・換気のために外気に接する窓や換気設備などを設ける ・くみ取り便所の構造は、し尿に接する部分から漏水せず、便槽に雨水や土砂などを流入させず、し尿の臭気が建築物の他の部分や屋外に漏れないようにする

その他の建築設備

　配管設備や便所以外の建築設備として、エレベーター、電気設備、避雷設備などが挙げられます。エレベーターは、安全な構造で、かつ、その昇降路の周壁や開口部は、防火上支障がない構造でなければなりません。避雷設備は、高さ 20 m を超える建築物に、高さ 20 m を超える部分の雷撃から保護するように設置しなければなりません。

　その他にも、建築物には、消火設備（防火シャッターや防火扉など）、警報設備、避難設備などの防災設備を設置しなければなりません。これらの防災設備については、消防法などの法令が設置や点検に関して遵守しなければならない基準を規定しています。

10 居室の天井・床・界壁・地階

居室とは

居室とは、居住、執務、作業、集会、娯楽などの目的のために継続的に使用する部屋のことです。「継続的に使用する」とは、同一の人が使用する場合だけではなく、人が入れ替わりで使用する場合も含みます。

したがって、公衆浴場の浴室・脱衣場、事務所の事務室、工場の作業場などは、継続的に使用される点から居室に該当します。これに対し、玄関、便所、住宅の浴室・脱衣室、押入れ、台所などは、継続的に使用されない点から居室に該当しません。なお、台所のうちダイニングキッチン（食堂）は、継続的に使用される点から居室に該当すると判断されることに注意が必要です（次ページ図）。

天井の高さについての制限

居室の天井の高さに関しては、法令上の制限が設けられています。居室の天井の高さが過度に低くなると、人に圧迫感を与えるばかりではなく、十分な寸法の窓を設置することができず、採光・換気が不十分になって、健康上必要な光や空気量の確保が困難になるおそれがあるからです。

具体的には、居室の天井は2.1 m以上の高さがなければなりません。天井の高さは、床から計測します。天井に勾配がある場合などは、居室の断面積（床から天井までの高さに天井の幅を乗じた数値）を居室の幅員で除して算定します。また、1つの居室で天井の高さが異なる部分がある場合には、平均の高さを天井の高さとして用います。

たとえば、幅員20 mの居室に、高さ8 m・幅員5 mの場所Aと、

● 居室

建築物の種類	居室にあたる場所	居室にあたらない場所
住　宅	居間、食堂、寝室 など	玄関、廊下、便所、階段、浴室・脱衣室、便所、押入れ、給湯室、用具室 など
学　校	教室、図書室、体育館 など	
病　院	病室、診察室、ナースステーション など	
事務所	事務室、会議室、応接室 など	
店　舗	売場、調理室、休憩室 など	
工　場	作業所、研究室 など	

高さ10 m・幅員15 mの場所Bがあるとします。この場合、場所Aの断面積が「8 m×5 m＝40㎡」、場所Bの断面積が「(10 m＋8 m)×15 m×1／2＝135㎡」であるため、居室全体の平均の高さは「(40㎡＋135㎡)÷20 m＝8.75 m」と算出されます（53ページ図）。

■ 木造居室の床の高さ・防湿についての制限

　最下階（地盤に接する階）の居室の床が木造である場合については、その高さと防湿方法に関する規定が設けられています。床下からの湿気によって、居室内の人の健康に悪影響が生じないようにすることを目的にしています。また、床を構成する土台、大引き（床板や根太を支える横架材）、根太（床板を支えるために大引きの上に取りつける横架材）といった建築物の重要部分が腐食するのを防ぐことも目的にしています。

　具体的には、2つの制限が設けられています。つまり、①床の高さは、直下の地面からその床の上面まで45㎝以上としなければなりません。また、②外壁の床下部分には、壁の長さ5 m以下ごとに、面積300㎠以上の換気孔を設けるとともに、換気孔にネズミの侵入を防ぐための設備を設けなければなりません。

ただし、床下をコンクリート、たたきなどの材料で覆うなどの防湿に必要な措置を講じている場合や、最下階の居室の床の構造が、地面から発生する水蒸気によって腐食しないものとして、国土交通大臣の認定を受けたものである場合には、例外的に上記の2つの制限が適用されません。

▍共同住宅などにおける界壁の設置

　建築基準法は、マンションなどの共同住宅などについて、独立した生活を営む場所が連なっていることを考慮して、遮音の確保や延焼の防止のため、一定の基準を満たした界壁の設置を義務づけています。界壁とは、長屋や共同住宅の住戸と住戸との間に設置する境界になる壁のことです。

　具体的には、次ページ図にあるような技術的基準を満たす遮音性能を持った界壁を設置すること、原則として小屋裏もしくは天井裏まで到達するように界壁を設置することを義務づけています。そして、設置する界壁は準耐火構造を備えることも義務づけています。

　なお、界壁の遮音性能を示す基準として透過損失が用いられます。透過損失とは、入ってきた音に対して、透過音がどの程度弱まるのかを表した基準を指し、単位はデシベル（dB）です。

▍地階を作る際に必要な措置

　地階とは、地盤面より下にある階のことです。具体的には、床面から地盤面までの高さが、その階の天井の高さの3分の1以上であるものをいいます。地階に居室を設ける場合には、以下の①②の基準をいずれも満たさなければなりません。

① **居室については、次のいずれかの措置を講じること**
　・からぼり（ドライエリア）などの空き地に面する開口部の設置
　・所定の技術的基準に適合する換気設備の設置

● 天井の高さについての制限 ··

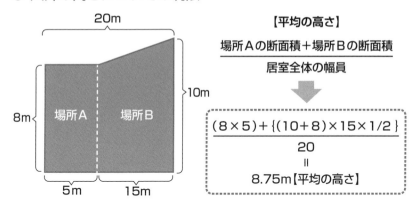

● 界壁の遮音性能 ··

振動数（ヘルツ）	透過損失（デシベル）
125 Hz	25 dB
500 Hz	40 dB
2000 Hz	50 dB

・居室内の湿度調節のための設備の設置

② **直接土に接する外壁、床、屋根については、次のいずれかに該当すること**

・水の浸透防止のための防水層を設置するか、耐水材料で造った上で水の浸透防止のための空隙を設置すること。ただし、屋根については防水層の設置が必須となる。また、常水面以上の部分は、耐水材料で造り、材料の接合部やコンクリートの打継ぎをする部分の防水措置を講じれば足りる。

・居室内に水が浸透しないものとして、国土交通大臣の認定を受けた構造であること。

11 防火地域・準防火地域

火災の危険を防ぐための地域が定められている

　市街地には複数の建築物が立ち並んでいるため、いったん火災が発生すると、次々と建築物に延焼していき、市街地に甚大な被害をもたらすことがあります。たとえば、2016年12月に新潟県糸魚川市の市街地において大規模火災が発生しています。

　都市計画法では、都市計画において、地域地区のひとつである防火地域・準防火地域を定めることを認めています。防火地域とは、建築物の防火上の規制が厳格に定められた地域です。駅前繁華街や主要幹線道路沿いなどに指定されます。準防火地域とは、防火地域の外側にある地域で、防火地域よりも規制が緩やかになります。

　これを受けて、建築基準法等では、防火地域・準防火地域内の建築物の制限などを規定しています。なお、2019年6月施行の建築基準法改正で、建築物の制限などが緩和されています。とくに老朽化して既存不適格建築物にあたるような木造建築物の建替えなどを促進し、市街地の安全性向上を図るのが目的です。

防火地域・準防火地域内に共通する建築物の制限

　建築基準法は、防火地域・準防火地域内にある建築物に共通する建築物の制限について、以下の2つを規定しています。

・外壁の開口部で延焼のおそれのある部分に、防火戸などの防火設備を設けること。

・壁、柱、床などの建築物の部分や防火設備には、通常の火災による周囲への延焼を防止するために必要とされる一定の性能を持たせること。

● 防火地域・準防火地域内の建築物の制限 ⋯⋯⋯⋯⋯⋯⋯

階数	防火地域		準防火地域		
	100㎡以下	100㎡超	500㎡以下	500㎡超1,500㎡以下	1,500㎡超
4階建以上	耐火建築物相当		耐火建築物相当		
3階建			準耐火建築物相当		耐火建築物相当
2階建以下	準耐火建築物相当	耐火建築物相当	防火構造等の建築物相当		準耐火建築物相当

防火地域内の建築物の制限

　防火地域内にある建築物の制限については、より詳細な基準が規定されています。おおまかにいえば、以下のような基準であると考えてよいでしょう。

① 　3階建以上あるいは延べ面積100㎡を超える建築物

　以下のいずれかに該当する建築物（本書では「耐火建築物相当」と表現します）であることが要求されます。耐火建築物とは、おもに主要構造部が耐火構造であり、外壁の開口部で延焼のおそれのある部分に防火戸などを設けた建築物のことを指します。

・耐火建築物
・耐火建築物と同等以上の延焼防止性能を確保するために必要な技術的基準を確保した建築物

② 　2階建以下かつ延べ面積100㎡以下の建築物

　以下のいずれかに該当する建築物（本書では「準耐火建築物相当」と表現します）であることが要求されます。準耐火建築物とは、耐火建築物以外の建築物で、おもに主要構造部が準耐火構造であり、外壁の開口部で延焼のおそれのある部分に防火戸などを設けた建築物のこ

とを指します。

・準耐火建築物

・準耐火建築物と同等以上の延焼防止性能を確保するために必要な技術的基準を確保した建築物

準防火地域内の建築物の制限

　準防火地域内の建築物の制限についても、より詳細な基準が規定されています。おおまかにいえば、以下のような基準であると考えてよいでしょう。

① 　4階建以上もしくは延べ面積1500㎡を超える建築物

　耐火建築物相当であることが要求されます。

② 　3階建かつ延べ面積500㎡以下の建築物であるか、2階建以上かつ延べ面積500㎡を超え1500㎡以下の建築物

　準耐火建築物相当であることが要求されます。

③ 　2階建以下かつ延べ面積500㎡以下の木造建築物等

　以下のいずれかに該当する建築物（本書では「防火構造等の建築物相当」と表現します）であることが要求されます。

・防火構造等の建築物（外壁・軒裏を防火構造とし、延焼のおそれのある部分の外壁開口部に片面防火設備を設けた建築物）

・防火構造等の建築物と同等以上の延焼防止性能を確保するために必要な技術的基準を確保した建築物

　木造建築物等とは、主要構造部のうち一定の部分が木材、プラスチックその他の可燃材料で造られた建築物を指します。片面防火設備とは、建築物の周囲で通常の火災による火熱が加えられた場合に、加熱開始後20分間、その加熱面以外の面（屋内に面するものに限ります）に火炎を出さないものを指します。

④ 　2階建以下かつ延べ面積500㎡以下の木造建築物等以外

　以下のいずれかに該当する建築物（本書では「片面防火設備の建築

物相当」と表現します）であることが要求されます。

・片面防火設備の建築物（延焼のおそれのある部分の外壁開口部に片
　面防火設備を設けた建築物）

・片面防火設備の建築物と同等以上の延焼防止性能を確保するために
　必要な技術的基準を確保した建築物

建築物の門や塀についての規制

　高さ２ｍ以下の門・塀や、準防火地域内にある木造建築物等以外に
附属する門・塀については、以上で述べた建築物の制限が適用されま
せん。これに対し、高さ２ｍ超の門や塀や、防火地域内にある建築物
や準防火地域内にある木造建築物等に附属する門や塀については、延
焼防止上支障のない構造にすることが義務づけられています。

屋根・隣地境界線に接する外壁について

　防火地域・準防火地域内の建築物の屋根は、市街地の火災を想定し
て、その際の火の粉によって建築物に火災が発生するのを防止するた
めに必要な性能を持っていなければなりません。具体的には、以下の
基準を満たす必要があります。

・屋根が市街地における通常の火災で発生する火の粉により、防火上
　有害な発炎をしないこと。

・屋根が市街地における通常の火災で発生する火の粉により、屋内に
　達する程度の防火上有害な溶解、亀裂、損壊などが生じないこと。

　また、防火地域・準防火地域内にある建築物で、外壁が耐火構造の
建築物については、建築物の外壁を隣接境界線に接して設けることが
認められます。

道路斜線制限

道路斜線制限とは

　道路斜線制限とは、道路に面している建築物の高さと形態を規制する制度です。周辺環境や交通安全のために、道路周辺に解放空間を設けることで、道路や沿道の通風や採光などを確保することが規制の目的です。

　道路斜線制限については、建築物の各部分の高さが、前面道路の反対側の境界線から一定の勾配で引いた線（道路斜線）の範囲内とすべきものとされています（次ページ図）。「一定の勾配」を決定するための数値が斜線勾配です。斜線勾配については、住居系の用途地域では1.25、商業系・工業系の用途地域では1.5と規定されています。たとえば、容積率200％の第一種住居地域に、前面道路の幅員が10ｍの敷地があるとします。この場合、斜線勾配は1.25であるため、その敷地の建築物の高さは、次ページ図で示した道路斜線の範囲内に制限されます。斜めに切り取られたような建築物が存在する原因のひとつがこの道路斜線制限です。

　ただし、道路斜線制限は、前面道路の反対側の境界線からの距離の範囲内のみが対象に含まれます。この範囲内を適用距離といいます。適用距離を超える部分は、道路斜線制限による高さの制限を受けません。たとえば、容積率200％の第一種住居地域の場合は、適用距離が20ｍであるため、前面道路の反対側の境界線から20ｍを超える部分は、道路斜線制限による高さの制限を受けません。

どんな緩和措置があるのか

　道路斜線制限については、土地の有効活用の観点から、主として以

● 道路斜線制限の例（容積率 200%の第一種住居地域の場合）

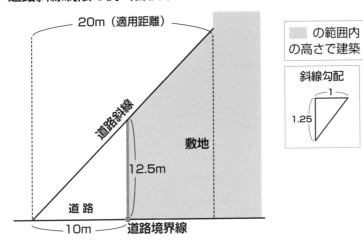

下の緩和措置が規定されています。

・斜線勾配の緩和措置

　第一種・第二種中高層住居専用地域、第一種・第二種住居地域、準住居地域内において、前面道路の幅員が 12 m以上の場合には、斜線勾配を部分的に 1.5 に緩和されます。

・前面道路が公園・広場・水面などに接している場合

　前面道路の反対側の境界線が、公園、広場、水面などの反対側の境界線にあるとみなされます。これにより道路境界線までの距離が適用距離以上になって、敷地全部に道路斜線制限が適用されなくなる可能性がより高くなります。

・建築物の敷地と道路面との高低差が著しい場合

　建築物の敷地の地盤面が前面道路より 1 m以上高い場合には、原則として、その高低差から 1 mを差し引いた数値の 2 分の 1 だけ道路面が高い位置にあるとみなして、道路斜線制限を適用します。

13 隣地斜線制限

隣地斜線制限とは

　隣地斜線制限とは、隣地との関係で建築物の高さを規制する制度です。隣地の日照・採光・通風を確保し、隣地に対する建築物の圧迫を軽減して、市街地の環境を向上させることを目的としています。なお、第一種・第二種低層住居専用地域、田園住居地域については、10 mもしくは12 mの絶対高さの制限があるため、隣地斜線制限が適用されません。

　隣地斜線制限については、建築物の各部分の高さが隣地境界線から一定の高さをとり、その一定の高さから一定の勾配（斜線勾配）で引いた線（隣地斜線）の範囲内とすべきものとされています。「一定の高さ」については、住居系の用途地域では20 m、商業系・工業系の用途地域では31 mと規定されています。また、斜線勾配については、住居系の用途地域では1.25、商業系・工業系の用途地域では2.5と規定されています。

　たとえば、隣地斜線制限が適用される住居系の用途地域では、隣地境界線から20 mの高さから「水平：垂直＝ 1：1.25」の割合の勾配による隣地斜線を引いて、建築物の各部分の高さが、その範囲内とすべきことになります（次ページ図）。なお、道路斜線制限とは異なり、隣地斜線制限には適用距離の制度がありません。

どんな緩和措置があるのか

　隣地斜線制限についても、道路斜線制限の場合と同様に、土地の有効活用の観点から、主として以下の緩和措置を規定しています。
・建築物の敷地が公園・広場・水面などに接している場合

● 隣地斜線制限 ....

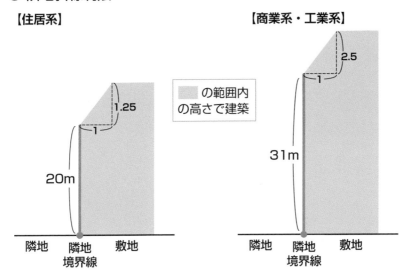

【住居系】　　　　　　　　　　　　　　　　【商業系・工業系】

の範囲内
の高さで建築

1.25

20m

1

2.5

31m

1

隣地　隣地　敷地
　　境界線

隣地　隣地　敷地
　　境界線

　隣地境界線が、公園、広場、水面などの幅の2分の1だけ外側にあるとみなされます。ただし、制限の緩和が認められる公園については、街区公園（児童公園）は除外されます。街区公園は、主として近隣の居住者の利用を目的としていることや、敷地面積が0.25ha（2,500㎡）を基準としており、児童の利用が多いことから、とくに日照に対する配慮が必要と考えて、隣地斜線制限の緩和を認めていません。

・建築物の敷地と隣地との高低差が著しい場合

　建築物の敷地の地盤面が隣地の地盤面よりも1m以上低い場合には、その高低差から1mを差し引いた高さの2分の1だけ建築物の敷地が高い位置にあるとみなして、隣地斜線制限を適用します。たとえば、建築物の敷地の地盤面が隣地の地盤面よりも1.6m低い場合には、「（1.6m − 1m）÷ 2 = 0.3m」だけ建築物の敷地が高い位置にあるとみなします。

14 北側斜線制限

北側斜線制限とは

　北側斜線制限とは、北側にある隣地との関係で建築物の高さを規制する制度です。主として北側にある隣地の日照を確保して、良好な住居の環境を保護することを目的にしています。北側斜線制限が適用されるのは、第一種低層住居専用地域、第二種低層住居専用地域、田園住居地域、第一種中高層住居専用地域、第二種中高層住居専用地域に限定されています。

　ただし、第一種中高層住居専用地域、第二種中高層住居専用地域のうち、日影規制（⇨ P.172）の適用を受ける地域は、北側斜線制限の適用が除外されます。北側斜線制限は、北側にある隣地の日照の確保を主たる目的にしていますが、日影規制も同様の目的による規制であることから、同一の目的に基づく規制の重複を避けるため、北側斜線制限を適用しないものとしています。もっとも、日影規制が及ぶ区域の指定は、地方公共団体が定める条例によるため、第一種・第二種中高層住居専用地域のすべてが北側斜線制限の対象から除外されるわけではない点に注意が必要です。

　北側斜線制限については、建築物の各部分の高さは、真北方向の前面道路の反対側の境界線あるいは真北方向の隣地境界線から一定の高さをとり、その一定の高さから一定の勾配（斜線勾配）で引いた線（北側斜線）の範囲内とすべきものとされています。「一定の高さ」については、第一種・第二種低層住居専用地域、田園住居地域では5 m、第一種・第二種中高層住居専用地域では10 mと規定されています。斜線勾配は1.25と規定されています。

● 北側斜線制限（第一種低層住居専用地域の場合）..............

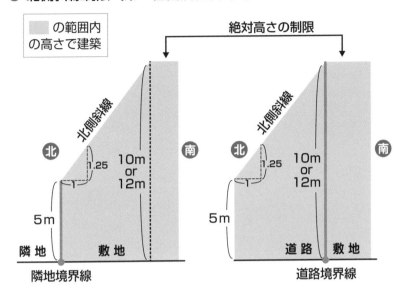

の範囲内
の高さで建築

絶対高さの制限

北側斜線

北 1.25 1 10m or 12m 南

5m

隣地　敷地

隣地境界線

北側斜線

北 1.25 1 10m or 12m 南

5m

道路　敷地

道路境界線

どんな緩和措置があるのか

　北側斜線制限についても、土地の有効活用の観点から、主として以下の緩和措置を規定しています。

・建築物の敷地が水面、線路敷などに接している場合

　隣地境界線が、その水面、線路敷などの幅の2分の1だけ外側にあるとみなされます。北側斜線制限については、道路斜線制限や隣地斜線制限とは異なり、隣地の日照を確保する目的から、公園や広場には規制の緩和が認められません。

・建築物の敷地と隣地との高低差が著しい場合

　建築物の敷地の地盤面が、北側の隣地（北側に前面道路がある場合には、その前面道路の反対側の隣接地）の地盤面よりも1m以上低い場合には、その高低差から1m差し引いた数値の2分の1だけ建築物の敷地が高い位置にあるとみなして、北側斜線制限を適用します。

15 建築確認

建築確認とは

建築確認とは、建築物が建築基準関係規定に適合しているか否かについて、その工事に先立って、建築主事あるいは指定確認検査機関による判断を受けるという制度です。建築確認の対象に含まれる建築物に関する工事に先立って、建築確認の申請書を提出して、建築主事などからの確認を受けなければなりません。

建築確認においては、建築基準法等の法令や条例に建築物が適合しているか否かだけでなく、建築物の敷地・構造・建築設備に関する諸法令に建築物が適合しているか否かも確認されます。建築確認の対象となる法律・命令・条例をあわせて、建築基準法では建築基準関係規定と呼んでいます。

建築基準法以外の「建築物の敷地・構造・建築設備に関する法律」の例としては、都市計画法、駐車場法、バリアフリー新法（高齢者、障害者等の移動等の円滑化の促進に関する法律）などを挙げることができます。

建築確認の対象となる建築物と工事

建築基準法6条1項は、以下のいずれかの種類に該当する建築物が、建築確認の対象に含まれると規定しています。なお、建築確認が必要となる工事は、建築物の種類によって異なります。

・1号建築物（一定の特殊建築物）

劇場、映画館、病院、共同住宅、ホテルなどの用途に利用する特殊建築物（建築基準法別表第一(い)に掲載された用途に供する特殊建築物⇨次ページ図）のうち、その用途に利用する部分の床面積の合計が

● 建築基準法別表第一(い)に掲載された用途に供する特殊建築物…

(一)	劇場、映画館、演芸場、観覧場、公会堂、集会場など
(二)	病院、診療所（患者の収容施設があるものに限る）、ホテル、旅館、下宿、共同住宅、寄宿舎など
(三)	学校、体育館など
(四)	百貨店、マーケット、展示場、キャバレー、カフェー、ナイトクラブ、バー、ダンスホール、遊技場など
(五)	倉庫など
(六)	自動車車庫、自動車修理工場など

建築確認が必要な特殊建築物の傾向

⇒ 建物内の人間の安全や衛生を確保する必要性がとくに高い建築物や、建物内に常に多数の人間がいる建築物が該当する傾向がある。

200㎡を超えるものが該当します。事務所や銀行などは１号建築物に該当しません。１号建築物については、建築（新築だけでなく増改築や移転を含みます）、大規模修繕、大規模模様替、１号建築物への用途変更を行う前に、建築確認を受けることが必要です。

・２号建築物（大規模な木造建築物）

①３階建以上、②延べ面積500㎡超、③高さ13ｍ超、④軒の高さ９ｍ超のいずれかを満たす木造建築物が該当します。２号建築物については、建築（新築だけでなく増改築や移転を含みます）、大規模修繕、大規模模様替を行う前に、建築確認を受けることが必要です。２号建築物への用途変更については、建築確認は不要です。

・３号建築物（大規模な木造以外の建築物）

①２階建以上、②延べ面積200㎡超のいずれかを満たす木造以外の建築物が該当します。３号建築物については、建築（新築だけでなく増改築や移転を含みます）、大規模修繕、大規模模様替を行う前に、建築確認を受けることが必要です。３号建築物への用途変更については、建築確認は不要です。

・4号建築物（一般建築物）

　1号建築物、2号建築物、3号建築物のいずれにも該当しない建築物が該当します。4号建築物については、建築（新築だけでなく増改築や移転を含みます）をする場合に限り、建築確認を受けることが必要です。大規模修繕、大規模模様替、4号建築物への用途変更については、建築確認は不要です。

　さらに、4号建築物については、建築確認が必要となる区域が限定されています。具体的には、都市計画区域内、準都市計画区域内、準景観地区内、都道府県知事が市町村の意見を聴いて指定する区域内、のいずかに該当する区域内で建築物を建築する場合に限り、建築確認の対象に含まれます。

建築確認が不要な場合

　上記の建築確認が必要な建築物に該当しても、防火地域にも準防火地域にも指定されていない区域の建築物について、床面積の合計が10㎡以内の増改築あるいは移転を行う場合には、建築確認を受ける必要がありません。なお、防火地域内あるいは準防火地域内においては、この例外が適用されないことに注意を要します。

　その他にも建築確認が不要になる場合として、1号建築物について劇場を映画館に変更するなど、類似の用途相互間の用途変更をするだけのときは建築確認が不要です。また、耐震改修促進法（建築物の耐震改修の促進に関する法律）に基づき、建築物の耐震改修の計画の認定を受けた場合も建築確認が不要です。この場合は、計画の認定によって建築確認があったとみなされます。

建築確認が必要となる一定の工作物の建設など

　建築物以外にも、おもに以下の工作物を築造する場合に、建築確認を受けることが必要です。

● 建築確認が必要になる場合 ･･････････････････････････････

建築物の種類	建築 （新築・増改築・移転）	大規模修繕 大規模模様替	用途変更
1号建築物	必要	必要	必要 ※2
2号建築物	必要	必要	不要
3号建築物	必要	必要	不要
4号建築物	必要 ※1	不要	不要

※1 都市計画区域内、準都市計画区域内、準景観地区内、都道府県知事が
　　市町村の意見を聴いて指定する区域内に限る。
※2 類似の用途相互間の用途変更をするだけのときは建築確認が不要である。

・高さが6mを超える煙突など
・高さが15mを超える鉄柱など
・高さが4mを超える広告塔など
・高さが8mを超える高架水槽など
・高さが2mを超える擁壁
・観光用のエレベーターやエスカレーター
・コースターなどの高架の遊戯施設
・メリーゴーランドなどの遊戯施設
・一定の製造施設、貯蔵施設、遊戯施設など
　また、おもに以下の建築設備も、既存建物に設置する場合や、建築
物の建築と同時に設置する場合に、建築確認を受けることが必要です。
・エレベーター、エスカレーター
・小荷物専用昇降機
・建築基準法12条3項に基づく定期報告が必要な建築設備のうち、特
　定行政庁が条例で指定する建築設備（し尿浄化槽や合併処理浄化槽
　を除く）

16 建築確認申請

建築確認申請とは

　建築確認申請とは、建築確認を必要とする建築物の工事などを行おうとする者が、建築主事あるいは指定確認検査機関から、建築計画が建築基準関係規定に適合していることの確認を受け、その結果として確認済証の交付を受けるための手続きのことです。

　建築確認申請は、建築物の工事などをする者（建築主）が行わなければなりませんが、専門的な知識を要することから、建設会社や設計事務所などに委任することが多いようです。建築確認申請の申請書（確認申請書）の提出先は、建築主が建築主事あるいは指定確認検査機関から任意に選択して、後述の必要書類とともに提出します。

　建築確認申請は建築基準法の定める手続きに従って行います。申請を受けた建築主事や指定確認検査機関は、建築基準法や同法に基づいて国土交通大臣が示している「確認審査等に関する指針」に従って審査手続きを行います。

　申請を受けた建築主事あるいは指定確認検査機関は、建築計画の設計や工事監理のために必要な建築士の資格を満たしていない場合には、建築確認申請を受理することはできません。たとえば、高さが13ｍを超えるか、あるいは軒高が9ｍを超える建築物の場合には、その設計や工事監理のために一級建築士の資格が必要です。

　そして、建築主事が確認申請書を受理した場合については、審査期間の制限が設けられています。具体的には、建築主事は、確認申請書を受理した日から35日以内（4号建築物や建築設備の確認申請書の場合は7日以内）に審査を行い、建築計画が建築基準関係規定に適合していると確認した場合には、確認済証を交付しなければなりません。

● 建築確認申請の流れ ·····················

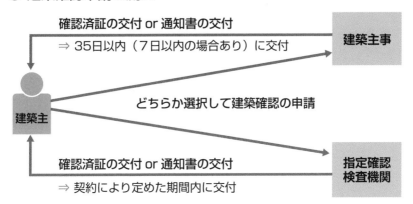

確認済証の交付 or 通知書の交付
⇒ 35日以内（7日以内の場合あり）に交付

建築主事

建築主

どちらか選択して建築確認の申請

確認済証の交付 or 通知書の交付
⇒ 契約により定めた期間内に交付

指定確認
検査機関

　これに対し、民間の指定確認検査機関が確認申請書を受けた場合について、その審査期間の制限は設けられていません。指定確認検査機関の審査期間については、建築主との契約により定める必要があります。

　なお、建築主事あるいは指定確認検査機関は、申請を受けた建築計画が建築基準関係規定に適合していないと認めた場合や、適合するか否かを審査期間内に決定できない合理的な理由がある場合には、上記によって定まる審査期間の間に、その理由などを記載した通知書を交付しなければなりません。

▍どんな書類が必要なのか

　建築主が建築確認申請を行うためには、確認申請書と一定の設計図書の添付が必要です。設計図書とは、図面と仕様書から構成される書類で、建築物の用途や規模に応じて必要な書類が異なりますので、提出前に申請先へ問い合わせることが必要です。おもに添付する設計図書として、建築計画概要書、建築工事届、付近見取図、配置図、各階平面図などを挙げることができます。

Q 建築工事が完了したら、すぐに建築物を使用することができるのでしょうか。

 A 原則として工事完了の検査済証の交付を受けた後でなければ、建築物を使用することはできません。

　建築物を完成させたからといって、建築主は直ちに建築物を使用することができないことに注意が必要です。具体的には、完成した建築物が建築基準法などの規定（建築基準関連規定）を遵守しているかどうかを確認するため、建築主は、完成した建築物について工事完了検査を受けなければなりません。工事完了検査の結果、建築基準関連規定に適合していることを認められた場合には、建築主は、工事完了の検査済証の交付を受けることができます。建築主は、検査済証の交付を受けるまで、原則として建築物を使用することができません。

　ただし、検査済証の交付を受ける前に、建築主が建築物を仮に使用することが認められる場合があります。具体的には、特定行政庁（原則として市町村）などが、安全上、防火上、避難上支障がないと認めて仮使用の認定を行ったときは、検査済証の交付を受ける前に建築物を仮に使用することが可能です。また、建築主事に工事完了検査の申請が受理された日から7日を経過したときも、建築主は、検査済証の交付より前に建築物を仮に使用することが可能です。

　検査済証がないと常に建築物を使用できないとするのは、建築物の使用に対する過度な制約にあたると考えられるからです。

倒壊のおそれの高い非常に危険な既存不適格建築物に該当する一軒家について、特定行政庁はどのような措置をとることができるのでしょうか。

 特定行政庁は、一軒家の所有者などに対して、必要な措置についての命令を行うことが可能です。

　既存不適格建築物とは、建築基準法などの新たな規定が適用される前から存在する建築物です。既得権保護のため、既存不適格建築物が新たな規定に適合していなくても、法令違反とは扱われません。しかし、危険な既存不適格建築物を放置すると、国民の生命、健康、財産を害するおそれがあります。

　そこで、特定行政庁（原則として市町村）は、既存不適格建築物の敷地、構造、建築設備が保安上著しく危険であり、もしくは衛生上著しく有害であると認める場合には、その建築物や敷地の所有者などに対して、その建築物の除却、移転、改築、増築、修繕、模様替え、使用禁止、使用制限などの保安上、衛生上必要な措置をとることを命令することができます。

　既存不適格建築物が「倒壊のおそれが高い非常に危険な一軒家」であれば、保安上著しく危険であると考えられますので、特定行政庁は、上記の措置を命令することができます。

　さらに、所有者などが命令に基づく措置を講じない場合には、特定行政庁は、行政代執行法という法律に従い、その措置の代執行（行政側が命令に基づく措置を代わりに行うこと）をすることができます。

　本ケースでも、特定行政庁から一軒家の除却（解体）の命令を受けてもなお、所有者が従わない場合、特定行政庁は、所有者の代わりに一軒家の除却を行うことができます。

Q 違法な建築確認を阻止することはできるのでしょうか。建築確認の前後で阻止する手段は違うのでしょうか。

 A 確認済証の交付を阻止する手段として、行政事件訴訟法が規定する差止訴訟の提起が考えられます。事後の手段としては、建築確認の取消訴訟の提起が考えられます。

　たとえば、近隣にマンションを新築する計画が持ち上がり、建築確認申請が行われる予定であるという情報を得た場合について考えてみましょう。建築計画の内容について建築基準関連法規に照らして違法の疑いがある場合は、建築確認申請に対して確認済証が交付されるのを阻止することが考えられます。そこで、行政事件訴訟法が規定する差止訴訟を提起することで、違法な建築確認申請に対する確認済証の交付を阻止するという手段が考えられます。具体的には、建築確認を行う建築主事などが所属する地方公共団体（原則として市町村）を被告にして、地方裁判所に対して、建築主事などが建築確認をしてはならないことを命じるように求める訴訟を提起する手段です。

　差止訴訟を提起するためには、違法な建築確認が行われることによって重大な損害が生じるおそれがあり、かつ、損害を防止するための手段が他にないことが必要です。また、違法な建築確認申請に対して確認済証の交付が行われた後は、行政事件訴訟法が規定する取消訴訟（違法な建築確認を取り消して、これをなかったことにするように求める訴訟）を提起することが考えられます。

　差止訴訟や取消訴訟は、建築確認の当事者でない第三者である近隣住民について、訴訟を提起する資格（原告適格）が認められる場合があります。

私道の所有者から建築確認の取消訴訟を提起されたのですが、どうしたらよいのでしょうか。

 訴訟参加をした上で、私道の所有者には建築確認の取消訴訟の原告適格が認められないことなどを主張することが考えられます。

　建築主が建築確認申請に対する確認済証の交付を受けたにもかかわらず、その建築確認の違法を理由に建築確認の取消訴訟を提起される場合があります。本ケースのように、建築確認の直接の当事者ではない私道の所有者が建築確認の取消訴訟を提起するのは、第三者によって取消訴訟が提起された場合に該当します。

　取消訴訟は、建築主事などが所属する地方公共団体（原則として市町村）を被告として訴訟手続きが行われますが、原告である私道の所有者の請求を認める判決が確定すると、建築確認の違法が確定し、その建築確認がなかったことになります。その結果として、建築主は、建築確認申請を行った建築計画に基づき、適法に建築物を建築することができなくなります。

　そこで、建築主としては、私道の所有者が提起した建築確認の取消訴訟に対して、行政事件訴訟法に基づく訴訟参加という制度を利用して、取消訴訟に参加することが考えられます。訴訟参加をすることで、建築主は、取消訴訟の中で自らの主張を述べる機会を得ることが可能です。

　そして、私道の所有者が、建築確認について密接な利害関係を持っていないと考えられる場合には、私道の所有者には建築確認の取消訴訟の原告適格がないと主張して、訴えの却下を求めていくことが考えられます。

増築・改築の違いとは？

　本文でも取り上げていますが、増築・改築をするときに建築確認申請が必要になる場合があります。

　増築とは、現在ある建築物の床面積を増やす工事を行うことをいいます。たとえば、現在ある建築物を壊さずに、同じ敷地内に新たな建築物を建築する場合などが挙げられます。

　これに対し、改築とは、床面積を変更することなく建築物の構造部分を変更する工事を行うことをいいます。たとえば、現在ある建築物の全部または一部を取り壊して新しいものに修繕することや、建築物の間取りの変更を行うことなどが該当します。そして、増築と改築をあわせて増改築と呼んでいます。

　増築と改築の違いとして、改築は床面積の変更が伴わないのに対し、増築は床面積の増加を伴う点が挙げられます。また、改築に該当するためには、以前に存在していた建築物と比べて、用途・規模・構造が著しく変化しないことが必要です。

　建築物の増築・改築も、建築物の新築・移転とともに、建築確認の対象となる「建築」行為に該当します。しかし、建築基準法上の建築物であっても、建築確認の対象となる建築物（⇨ P.64）に該当しなければ、建築確認申請は不要です。増築・改築にあたっては、建築確認の対象となる建築物に該当するかどうかをチェックすることが必要です。

　なお、建築確認の対象となる建築物であっても、防火地域にも準防火地域にも該当しない区域において増築・改築を行う場合で、増築・改築に関する床面積の合計が 10㎡以下であるときは、建築確認申請が不要です（⇨ P.66）。

第3章

通行権をめぐる
法律問題

1 通行権

通行権はどんな場合に認められるのか

　土地は、必ずしも道路に接しているとは限らず、他人の土地を通らなければ道路に出ることができない場合があります。このとき、他人の土地の通行が認められなければ、道路に接していない土地を有効に利用することができません。そこで、法律上当然に通行権を認められる場合がある他、合意により通行権を設定することも可能です。おもな通行権としては、①袋地所有者の通行権、②通行地役権、③契約による通行権があります。その他、④通行の自由権などもあります。

①　袋地所有者の囲繞地通行権（⇨P.88）

　袋地所有者は、他人の土地を通らなければ、公道に出ることができず、土地を有効に利用することができません。そこで、袋地所有者には囲繞地を通行する権利が認められています。これを囲繞地通行権といいます。

②　通行地役権（⇨P.78）

　地役権とは、他人の土地を自分の土地の便益のために利用することができる権利です。地役権の場面では「自分の土地」を要役地と呼び、「他人の土地」を承役地と呼びます。要役地と承役地は隣接している必要はなく、要役地から離れた土地に対し地役権を設定することもできます。そして、地役権の代表例ともいえる通行地役権とは、自分の土地を利用するために他人の土地を通行する権利を地役権として設定するものです。

　囲繞地通行権は、囲繞地所有者に法律上当然に認められる通行権であるのに対し、通行地役権は、当事者の合意により設定される通行権です。また、自分の土地が袋地でない場合、囲繞地通行権は発生しま

● おもな通行権の種類 ………………………………………

通行権の種類	通行権の内容
①袋地所有者の囲繞地通行権	袋地所有者に認められた囲繞地（袋地を囲んでいる他人の土地）の通行権
②通行地役権	自分の土地を利用するために他人の土地を通行することができる地役権
③賃貸借・使用貸借などの契約による通行権	他人の土地を利用する契約に基づく通行権 ★賃貸借と使用貸借の違い⇒賃料が定められているか否か
④通行の自由権	私道が一般公衆の通行に使用されるようになったことによる自由な通行権 ★判断要素 ・通行者にとって私道の通行が日常生活上不可欠であること ・私道の所有者に著しい損害を生じさせないことなど

せんが、通行地役権を設定することはできます。

③ **契約による通行権**（⇨P.86）

　賃貸借や使用貸借は、さまざまな目的で、他人の土地を独占的に利用する権利を設定する契約です。利用の対価として賃料を支払う場合は賃貸借、無償の場合は使用貸借となります。

④ **通行の自由権**（⇨P.94）

　通行の自由権は、私道が一般公衆の通行に使用されることで、自由に通行できるようになった場合のことです。たとえば、位置指定道路（⇨ P.112）は、指定前は単なる私有地であったものが、特定行政庁から指定を受けることで建築基準法上の道路となり、一般公衆も自由に通行できるようになります。なお、通行の自由権に基づく妨害排除請求が認められるには、通行者にとって私道の通行が日常生活上不可欠であることや、私道の所有者に著しい損害を生じさせないことなどが要件となります。

2 通行地役権

通行地役権とは

　前述したように通行地役権とは、他人の土地を通行する目的のために設定された地役権です。

　地役権は、地上権（建物などを所有するために他人の土地を使用できる物権）や土地の賃借権とは異なり、土地を独占的に利用することができる権利ではありません。そのため、同一の土地を承役地として、複数の地役権を設定することもできます。また、債権である賃借権の譲渡は、賃貸人の承諾が必要です。しかし、地役権の譲渡について、承役地の所有者の承諾は不要です。要役地を第三者に譲渡することで地役権も第三者に移転します。この場合、要役地の所有権と別に地役権だけを譲渡することはできません。その一方で、地役権は、土地の賃借権と同じく、第三者にもその権利を主張することができます。ただし、第三者に対して地役権を主張するためには、原則として地役権設定登記が必要です。

通行地役権設定契約

　地役権は設定契約の締結により発生するのが原則です。通行地役権の設定契約を締結する際は、おもに次のような事項を定めます。

① **地役権の目的**

　目的が「通行」であることを明示します。

② **対象となる土地の特定**

　要役地と承役地のそれぞれを、登記事項証明書のとおりに記載することで特定します。地役権は承役地の一部にのみ設定することもできるので、その場合は図面を利用して通行地役権の範囲を特定します。

● 地役権設定契約を締結する際の注意点 ‥‥‥‥‥‥‥‥‥‥‥

注意点	内容など
地役権の目的	目的が「通行」であることを明示する
対象となる 土地の特定	要役地と承役地をそれぞれ特定する必要がある
存続期間	通行可能な一定の期間を定める（永久とすることも可能）
	契約の更新に関する規定を設けることも可能
対価	（原則）無償
	有償にするには対価に関する規定が必要になる （対価の額・算定方法・支払期日・支払方法などを定める）
通行の態様	通行の時間帯
	徒歩だけか自動車も走行するか
	自動車が走行する場合に駐車の可否
	通路の開設・管理者・管理費用の負担など
契約の解除・ 消滅事由	契約の解除に関する規定を設けることが可能
	通行地役権が消滅する特段の事由を定めることも可能

③　**存続期間**

　存続期間を永久とすることもできますが、通常は一定の存続期間を定めます。契約の更新に関する規定を設けることも可能です。

④　**対価**

　民法には地役権の対価に関する規定がないので、無償とすることも有償とすることもできます。有償にする場合には、対価の金額・算定方法・支払期日・支払方法などを定めます。対価については、承役地周辺の賃料相場、通路部分の固定資産税額、通路の利用・管理・費用負担など諸般の事情を総合的に考慮して決定することになります。

⑤　**通行の態様**

　後で争いにならないよう、どのような態様の通行を認めるのか、明確に定めておく方がよいといえます。通行の時間帯、徒歩だけか自動車も走行するか、自動車が走行するのであれば駐車の可否、通路の開設・管理者・管理費用の負担などを取り決めることが考えられます。

⑥ 解除権・消滅事由

　対価の不払いや契約に反する態様の通行が生じた場合の解除権を定めておくことは重要です。また、要役地が第三者に譲渡されると、第三者が地役権を取得します。承役地の所有者としては、第三者の通行を認めたくない場合には、第三者への要役地の譲渡によって通行地役権が消滅することを定めておくこともできます。

通行地役権が消滅する場合

　通行地役権が消滅する場合として、①設定契約で定めた存続期間の満了、②設定契約で定めた消滅事由の発生、③設定契約の解除、④要役地と承役地を同一人が所有することになった場合、⑤承役地の時効取得、⑥地役権の消滅時効があります。

　①・②の場合は、設定契約の定めによって決まります。③の場合も、設定契約の定めによるのが原則ですが、設定契約に対価の定めはあるものの、対価の不払いがあったときの解除について定めがない場合に解除ができるかどうかが問題となります。民法では、対価の支払いを２年間怠ったときの永小作権（対価を払って耕作などを行う権利）の消滅請求を認めている点から、２年間の対価の不払いが解除を認める一応の目安と考えられています。

　④は混同といい、通行地役権を存続させる実益が失われるので消滅します。⑤の場合は、第三者が時効取得により、通行地役権を含めた何の負担もない承役地の所有権を取得することで、通行地役権が消滅します。⑥の場合は、承役地を通行しない状態が20年間継続することで、通行地役権が時効消滅します。この場合、時効期間の起算点に注意が必要です。通路を開設していないときは、最後に通行した時点が、通路を開設したときは、天災や妨害などにより通路を利用できなくなった時点が、それぞれ起算点となります。

通行地役権設定契約書

　地役権設定者○○○○を甲、地役権者○○○○を乙として、甲乙両者間において以下の通り、通行地役権設定契約を締結する。

第1条（通行地役権設定）　甲は、その所有する別紙記載の①の土地（以下「本件承役地」という）上に、乙が所有する別紙記載②の土地（以下「本件要役地」という）から公道に至る通行に利用する目的で、乙に対し通行地役権（以下「本件地役権」という）を設定する。

第2条（存続期間）　本件地役権の存続期間は、本契約締結の月から20年間とする。

2　存続期間満了時に、双方から何らの意思表示のない場合には、同一の条件で本件地役権が設定されたものとし、以後も同様とする。

第3条（設定登記）　甲は、乙のために第1条に定める地役権設定登記の手続を令和○年○月○日までに行うことを要する。

第4条（地役権設定の対価）　前条の地役権設定登記の申請と同時に、乙は甲に対し本件地役権の設定の対価として金○○万円を一時金として支払うものとする。

第5条（通行料及び支払方法）　乙は、甲に対し、本件承役地の通行料として下記金額を前月末日までに下記方法によって支払う。
①　金額　　　　月額　金○○○○○円
②　支払金額　　甲指定の金融機関への振込み

第6条（通行料の増額請求）　近隣の地価の変動に応じ、甲は乙に対し前条の通行料の増額を求めることができる。

第7条（契約解除）　乙が第5条に定める通行料の支払いを怠り、その他契約上の義務に違反した場合は、甲は相当の期間を定めた催告の上、本契約を解除することができる。なお、甲は損害があるときには、乙に対しその賠償を請求することができる。

第8条（地役権の附従性）　乙が本件要役地を譲渡するときは、本件地役権も本件要役地の譲渡人に移転するものとする。

　本契約がここに成立したことを証するため、甲乙双方が記名押印する。また、本契約書を2通作成し、甲乙各自1通を保有することとする。

令和○年○月○日

　　　　　　　　　　　　○○県○○市○○町○丁目○番○号
　　　　　　　　　　　甲　　　　　　○○○○　　㊞
　　　　　　　　　　　　□□県□□市□□町□丁目□番□号
　　　　　　　　　　　乙　　　　　　○○○○　　㊞

地役権設定登記

設定登記のない地役権は第三者に対抗できるのか

　不動産の所有権の移転など、不動産の物権変動を第三者に対抗するためには、その内容を登記することが必要です。地役権の場合は、承役地に地役権の設定登記をします。しかし、実際には地役権の設定登記が行われていない場合もあります。地役権の設定登記がない間に、承役地が第三者に譲渡された場合、地役権者（要役地の所有者）は、原則として、その第三者に地役権を対抗することができません。

　ただし、地役権の設定登記がなくても、承役地の新所有者（承役地を譲り受けた第三者）が、登記がないことを主張する正当な利益を有していないのであれば、地役権者は、設定登記がなくても新所有者に地役権を対抗することができます。たとえば、承役地が譲渡された時点で、承役地が地役権者によって継続的に通路として使用されていることが、通路の位置・形状・構造などから客観的に明らかで、そのことを承役地の新所有者が認識していたか、または認識可能であった場合には、承役地の新所有者は、通行地役権の設定を知らなかったとしても、設定登記がないことを主張する正当な利益を有する第三者にあたりません。このような承役地の新所有者に対して、地役権者は、設定登記がなくても通行地役権を対抗することができます。

新所有者への登記手続請求権

　設定登記なくして承役地の新所有者に通行地役権を対抗できるとしても、地役権者としては、通行地役権の設定登記をしない限り、承役地の所有者が代わるたびに争いになるおそれがあります。そして、登記申請は登記権利者（要役地の所有者）と登記義務者（承役地の所有

● 地役権の対抗問題

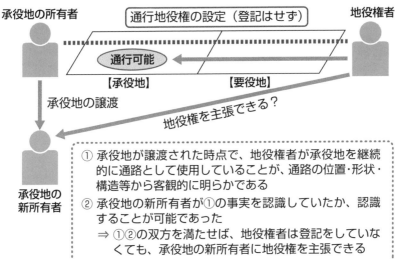

者）の共同申請が原則となり、登記義務者の協力が必要です。そのため、承役地の新所有者が地役権の設定登記がないことを主張する正当な利益を有する第三者にあたらない場合には、地役権者は承役地の新所有者に対し、地役権の設定登記手続をするように請求できます。

■ 黙示の通行地役権とは

　承役地の新所有者に対し、設定登記なくして通行地役権を主張する場合、上記の主張の他、新所有者との間で、黙示の契約としての通行地役権の設定契約が成立したと主張することも考えられます。黙示の契約とは、当事者間の暗黙の合意に基づく契約のことです。

　ただし、黙示による通行地役権の設定契約が成立するには、承役地の所有者が通行を黙認していただけでは足りず、通行地役権を設定して法律上の義務を負担することに合理性があると認められる特別の事情を必要とした裁判例があります。黙示の契約の成立が認められれば、新所有者に対し、地役権の設定登記手続を請求することもできます。

4 通行地役権の時効取得

通行地役権の時効取得の要件

　地役権は設定契約により発生することを原則としますが、地役権の発生原因は設定契約に限りません。地役権は財産権（財産的価値を有する権利）の一種であることから、時効取得の対象に含まれます。

　民法の規定によると、所有権以外の財産権を時効取得するには、その財産権を、自己のためにする意思をもって、平穏かつ公然と（暴力的であったり隠したりすることなく）行使する必要があります。そして、自己が権利者でないことを知っていた（悪意）ときは20年間、過失なく権利者でないことを知らなかった（善意無過失）ときは10年間を経過すると、その財産権を時効取得することができます。

　さらに、上記の要件に加えて、地役権が継続的に行使され（継続性）、かつ、外形上認識することができる（外形上の認識性）ことも、時効取得の要件となります。ときどき行使されるにすぎない地役権は、承役地の所有者が好意的に土地の利用を黙認しているにすぎません。また、地役権の行使が外形上認識することができないと、承役地の所有者が時効の完成猶予や更新をする機会が与えられません。これらの場合に地役権の時効取得を認めるのは、承役地の所有者に酷であるため、継続性と外形上の認識性を要求しています。

　判例によると、通行地役権が継続性と外形上の認識性を備えているというためには、承役地となる他人の土地の上に通路を開設することが必要であり、さらに、それを要役地の所有者が行わなければなりません。なお、地役権の時効取得は、要役地の所有者だけでなく地上権者にも認められますが、土地の賃借人には認められません。

● 通行地役権の時効取得のための要件 ………………………

所有権以外の財産権の時効取得のための要件	自己のためにする意思で平穏・公然と権利を行使する
	自己が権利者でないことを知っていた（悪意）ときは20年間を経過すること
	過失なく権利者でないことを知らなかった（善意無過失）ときは10年間を経過すること
上記の要件に加えた地役権の時効取得のための要件	地役権が継続的に行使され、かつ、外形上認識することができること
上記の要件に加えた通行地役権の時効取得のための要件	要役地の所有者が承役地になる他人の土地の上に自ら通路を開設すること

要役地を承継取得した者による時効取得

　要役地の前所有者が承役地に通路を開設して継続的に利用し、その後に売買や相続により要役地を取得した者が、引き続き通路を継続的に利用していた場合には、自己の継続利用と要役地の前所有者の継続利用とをあわせて時効取得を主張することができます。これにより、取得時効の時効期間の計算において有利になる場合があります。

通行地役権の時効取得と登記

　通行地役権を時効取得したとしても、その設定登記は備わっていません。通行地役権の設定は、原則として設定登記をしなければ第三者に対抗することができません。そこで、通行地役権を時効取得した者は、承役地の所有者に対し、地役権の設定登記手続をするように請求することになります。

　なお、通行地役権の時効取得後に承役地が譲渡されても、時効取得者が承役地を通路として利用していることが客観的に明らかで、少なくとも譲受人が認識可能であれば、時効取得者は、設定登記がなくても通行地役権を譲受人に対抗することができます。

5 賃貸借契約と通行権

袋地の賃借人による囲繞地の通行

　賃貸借契約の目的となる土地について、周囲の土地を通行しなければ公道に出られないにもかかわらず、周囲の土地の通行について合意が存在しない場合があります。賃借人が賃借している土地が袋地にあたり、周囲の土地が囲繞地にあたりますが、この場合、賃借人が囲繞地を通行できないのかというと、そうではありません。

　賃借人が土地の賃貸借契約について対抗要件を備えている場合（第三者に土地の賃借権を対抗することができる場合）には、賃借人は、囲繞地通行権に基づいて、第三者の所有する囲繞地を通行することが認められます。土地の賃貸借契約の対抗要件は、土地の賃借権の登記か、または土地上の建物の自己名義による所有権登記です。

　反対に、土地の賃貸借契約について対抗要件を備えていなくても、賃借人は、賃借している袋地の所有者（賃貸人）が有する囲繞地通行権を代わりに行使することで、第三者の所有する囲繞地を通行することが認められます。これは民法の規定する債権者代位権という制度を利用したものです。

賃貸人が賃貸した土地を通行できるか

　土地の通行権を契約によって定める場合、通行地役権の設定契約や通行権の設定契約の他に、賃貸借契約も考えられます。土地の賃貸借契約が成立すると、特段の定めがない限り、賃借人は、賃借した土地を排他的に使用できます。したがって、賃貸人は、賃貸した土地を通行などに使用できなくなるおそれがあります。賃貸人の通行の可否を賃貸借契約で定めないと紛争になる可能性があるので、注意が必要です。

● 土地の賃借人による囲繞地の通行 ‥‥‥‥‥‥‥‥‥

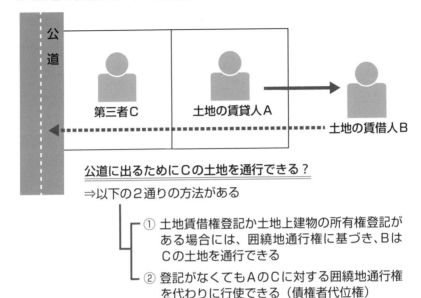

公道に出るためにCの土地を通行できる？

⇒以下の2通りの方法がある

- ① 土地賃借権登記か土地上建物の所有権登記がある場合には、囲繞地通行権に基づき、BはCの土地を通行できる
- ② 登記がなくてもAのCに対する囲繞地通行権を代わりに行使できる（債権者代位権）

借地借家法の適用の可能性

　建物の所有を目的とする土地の賃貸借契約に基づいて土地を賃借する権利を借地権といいます。借地借家法が適用され、借地権の存続期間は30年以上となります。30年より短い存続期間を定めても、存続期間は30年になります。また、借地権の登記がなくても、建物の所有権登記によって借地権を第三者に対抗することができます。

　通行目的の土地の賃貸借契約は、建物の所有を目的としないため、借地借家法は適用されないのが原則です。しかし、専ら通行目的の賃貸借契約であっても、建物の利用上必要不可欠であり、通路に独自の利用価値がなく、地形的に見ても宅地と一体の土地で、通路が宅地に付随する土地と評価できる場合について、借地借家法の適用を認めた下級審の裁判例があります。

6 囲繞地通行権

囲繞地通行権とは

　所有している土地が、他人の土地または海岸・崖地などに囲まれている場合、その土地の所有者は、他人の土地を通らなければ公道に至ることができません。このような土地を袋地と呼びます。既存の道路に接している土地であっても、その道路を通行する権利がない場合には、その土地は袋地にあたります。

　そして、公道に接していない袋地の所有者は、袋地を囲んでいる他人の土地（囲繞地）を通行する権利を有することが民法で定められています。この権利を囲繞地通行権と呼んでいます。

　裁判例によると、囲繞地通行権における「公道」とは、一般公衆が自由に通行することができ、ある程度の幅員を備えている道路を指します。したがって、道路法上の道路に限らず、私道であっても囲繞地通行権における「公道」に含まれる場合があります。

どのような場合に認められるのか

　袋地の所有者の囲繞地通行権は、民法が認めている権利です。囲繞地通行権は、通行の対象となる囲繞地の所有者の承諾がなくても当然に行使することができる権利ですが、民法が認めている範囲を超える通行の場所や方法を選択する際には、囲繞地の所有者の承諾が必要です。

　また、囲繞地通行権は登記なくして第三者に対抗することができる権利です。通行地役権などとは異なり、囲繞地通行権について登記をすることはできません。囲繞地通行権は、袋地の所有権の内容に当然に含まれているものとして考えます。

　ただし、囲繞地通行権が認められるとしても、まったく自由に通行

● 土地の分割などによって袋地が生じた場合 ･････････････････

AとBはもともと一筆の土地だったが、Bの部分だけ他人に譲渡した場合、Aの所有者は、Bのみを通行することができ、Cを通行することはできない

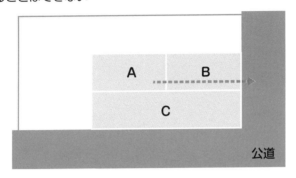

できるわけではなく、囲繞地の通行の場所や方法の範囲が制限されています。具体的には、囲繞地の通行の場所や方法は、通行権者のために必要であり、かつ、通行する囲繞地の損害が最も少ないものを選ばなければならないとの制限があります。必要があるときは、通路を設置することもできますが、その場合でも、通行する囲繞地の損害が最も少なくなる場所や方法で設置する必要があります。

また、公道に接していた土地を分割または一部譲渡をしたことで袋地が生じた場合、袋地の所有者は、残りの土地についてのみ囲繞地通行権が認められます。土地の分割などで袋地が生じた場合、分割などと無関係の土地に通行の負担を課すのは酷だからです。

▌袋地の所有者以外の囲繞地通行権

袋地の所有者以外に、袋地の地上権者にも囲繞地通行権が認められます。袋地の賃借人については、賃借権の登記があるか、袋地上の建物について自己名義の所有権登記がある場合は、囲繞地通行権が認められます。また、それらの登記がなくても、賃借している袋地の所有者の囲繞地通行権を代わりに行使することができます（⇨ P.86）。

通路の幅員はどの程度になるか

　囲繞地通行権に基づいて設置が認められる通路の幅員については明確な基準はありません。通行の場所や方法は、通行権者のために必要であり、かつ、通行する囲繞地の損害が最も少ないものを選ばなければなりませんので、基本的には、最低限、袋地の所有者が通行できるだけの幅員があればよいことになります。極端に考えれば、1 m程度の幅員の通路でも歩行者は通行できます。しかし、自動車の通行を認める必要があれば、通路も相応の幅員が認められると考えられます。

通路の変更が認められる場合もある

　囲繞地の通行の場所や方法が、通行権者のために必要であり、かつ、通行する囲繞地の損害が最も少ないものを選択しているかどうかは、袋地や囲繞地の利用状況や地理的状況の変化による影響を受けます。そのため、囲繞地通行権により認められる通路の場所や方法が、時間の経過によって変わる可能性もあります。

　そこで、袋地の所有者または囲繞地の所有者から、通路の変更を主張することができる場合があります。たとえば、周辺の公道が整備されて、別の場所を通路にした方が、袋地の所有者にとってより便利になり、囲繞地の所有者にとっても損害がより少なくなる場合です。また、利用状況の変化に応じて、通路の幅員を拡張したり縮小したりする主張も考えられます。

補償金の支払義務

　囲繞地通行権は法律上当然に発生し、囲繞地の所有者に通行の負担を課すので、袋地の所有者に何らかの補償をさせるのが公平だといえます。そこで、袋地の所有者には補償金の支払義務が課せられています。ただし、土地の分割または一部譲渡によって袋地が生じ、残りの土地についてのみ囲繞地通行権を行使することができる場合には、補

償金の支払義務が課されません。

　なお、土地の分割などがなくても、既存の通路があって、以前から無償での通行が黙認されていた場合は、無償の通行権が認められる可能性があります。これは、黙示による無償の通行地役権などが設定されていたという理解から認められるものであって、無償の囲繞地通行権が認められたわけではありません。無償の囲繞地通行権が認められるのは、あくまで民法の規定のとおり、土地の分割などにより袋地が生じた場合に限られます。

無償の囲繞地通行権は承継できるのか

　土地の分割などによって袋地が生じた場合、無償の囲繞地通行権が認められます。その後、袋地の所有権が第三者に移転しても、有償の囲繞地通行権の場合と同じく、無償の囲繞地通行権も第三者に承継されます。囲繞地通行権は袋地の所有権に付随する権利であり、袋地の所有者が変わったからといって権利の内容が変わるものではないからです。また、囲繞地の所有者の立場からすると、袋地の所有権の移転という自分に関係のない事情によって、囲繞地通行権の内容や、囲繞地通行権を負担する囲繞地が変わるのは、不合理であるからです。

囲繞地通行権はどんな場合に消滅するのか

　囲繞地通行権は、袋地が生じた場合に袋地の所有者について生じる権利です。したがって、袋地が消滅した場合は、それに伴って囲繞地通行権も消滅します。

　たとえば、囲繞地の所有者に袋地が譲渡された場合は、同一の者に土地が所有される結果、囲繞地通行権を存続させる必要はなくなるので消滅します。その他、囲繞地が公道として整備されたなどの事情で、土地が袋地でなくなった場合も同様です。

7 袋地通行権と幅員の関係

幅員はどの程度必要なのか

　袋地の所有者は、必要があるときは、囲繞地通行権に基づいて囲繞地に通路を開設することができます。通行の場所や方法は、通行権者のために必要であり、かつ、通行する囲繞地のために損害が最も少ないものを選ばなければならないため、通路の幅員も通行に必要な最小限の幅でなければなりません。民法は幅員の具体的な基準を示していませんので、どの程度の幅員があればよいのかが問題となります。

　通路の場所や幅員について、袋地の所有者と囲繞地の所有者との間で合意があれば、とくに問題ありません。他方、通路の場所や幅員について争いがあり、話し合いによる解決が難しい場合は、最終的には訴訟により解決することになります。

　一般的には、従来から通路として利用していた部分を特定できるのであれば、その部分を通路として認めるのが囲繞地のために損害が最も少ないと考えられる場合が多いといえます。したがって、法的に認めるべき通路の場所や幅員を判断する際には、従来の通路としての利用状況が重要な考慮要素となります。その他、従前からの交通事情やその土地の形態などの諸事情を総合的に考慮して判断します。

　建築基準法では、建築物の敷地が、原則として幅員4m以上の道路に2m以上接していなければならない、という接道義務が定められています。囲繞地通行権が認められる通路の幅員が2m以上で、その通路が幅員4m以上の道路に接しており、かつ、その通路が建築物の敷地の一部として認定されれば、接道義務をクリアしますので、袋地に建築物を建てることができます。

　民法の囲繞地通行権と建築基準法の接道義務は、目的が異なる制度

● 囲繞地通行権と通路の幅員 ·····················

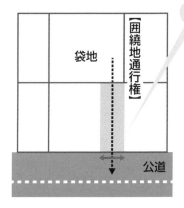

袋地

【囲繞地通行権】

公道

Q どの程度の幅員が必要か？

通行の場所や方法は、通行権者に必要であり、かつ、通行する囲繞地の損害が最小限になるものを選択しなければならない

基本的には通行ができる幅員があればよい

自動車で通行する必要がある場合や、袋地に建物を建てるため接道義務をクリアする必要がある場合など、特段の事情があれば、相応の幅員が認められる場合もあり得る

ですから、囲繞地通行権が認められるからといって、幅員2ｍ以上の通路の開設が常に認められるわけではありません。しかし、袋地において建築物を建てる差し迫った必要性があるなどの特段の事情があれば、囲繞地通行権に基づいて設置される通路の幅員の判断において考慮される余地があると考えられます。

┃ 自動車の通行は考慮されるのか

　囲繞地通行権は法律上当然に他人の土地を通行することができるという特殊な権利ですので、その通行の場所や方法も最小限度にとどまります。したがって、すべてのケースにおいて、自動車の通行を前提として通路の幅員を決定するのは妥当ではありません。裁判例で自動車の通行を肯定している例として、その袋地に特有の事情により自動車の通行を認める必要がある場合や、従前から自動車が通行していた通路である場合などが挙げられます。

8 通行妨害排除請求

通行妨害排除請求とは

　私道についても、通行地役権や賃貸借契約などに基づいて、私道の土地の所有者以外の者に通行権が認められる場合があります。公道である場合や、私道でも位置指定道路や2項道路として建築基準法上の道路となっている場合は、一般公衆に通行の自由権が認められます。したがって、私道の所有者が障害物を設置するなどしたため、通行権や通行の自由権の妨害を受けた者は、障害物の撤去などを請求することができる場合があります。これを通行妨害排除請求といいます。

　私道の所有者による通行妨害に関する裁判例によると、通行を妨害している者に対する通行妨害排除請求が認められるには、少なくとも以下の3つの要件をすべて満たすことが必要と考えられます。

① 　通行権や通行の自由権の対象となる道路が開設されていて、通行妨害排除請求をする者の通行に利用されていること

② 　通行妨害排除請求をする者にとって、対象となる道路の通行が日常生活において必要不可欠であること

③ 　通行妨害排除請求を認めることで通行権や通行の自由権の対象となる道路の所有者は、土地の私的利用について制限を受けるが、その制限が通行妨害排除請求をする者の受ける利益に比べて著しい損害とならないこと

　私道について囲繞地通行権や通行地役権を持つ者については、私道の所有者によって通行を妨害された場合には、上記①〜③の要件を満たすことが多いと考えられます。また、私道が2項道路や位置指定道路になっていて、その私道を通行しなければ公道に出ることができない土地に住んでいる者も、私道の所有者によって通行を妨害された場

● 通行妨害排除請求 ··

(例) 囲繞地通行権の場合

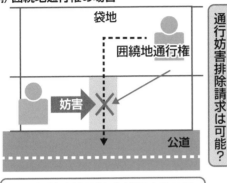

〈要 件〉

① 通行権などの対象道路が開設・利用されていること

② 請求者にとって対象道路の通行が日常生活において不可欠であること

③ 通行権などの対象道路の所有者の負担が著しい損害にならないこと

※ 通行妨害排除請求が認められる場合、通行妨害の排除に要する費用は、原則として通行妨害者の負担となる

合には、上記①〜③の要件を満たすことが多いと考えられます。

　他方、公道や2項道路や位置指定道路になっている私道について、一般公衆による通行妨害排除請求は、②の要件を満たすのが限定的であると考えられるので、誰でも行使できるわけではありません。

　いずれにしても、通行妨害の程度や態様、通行妨害に起因する損害の程度、通行妨害の排除に要する費用、その他の事情を総合的に考慮して、通行妨害排除請求を認めるかどうかを判断します。

通行妨害を排除するための費用負担はどうなる

　通行妨害排除請求は、その対象道路の通行を妨害している者（対象道路の所有者や対象道路に直接の権利関係を持たない第三者など）に対して行います。通行妨害排除請求が認められる場合、通行妨害の排除に必要な費用は、原則として通行を妨害している者の負担によって行われます。ただし、自然災害などの不可抗力によって通行が妨害されている場合、通行権者の側が費用を負担する場合もあります。

9 土地売買と通行権

■ 売買における通行権に関する注意点

　土地を購入する場合、徒歩や自動車などによる通行権の問題はとても重要です。とくに隣地所有者とのトラブルを避けるためにも、土地の購入前に、通行権の具体的な内容を確認することが大切です。

　たとえば、袋地である土地を購入する場合は、その袋地に付着する囲繞地通行権が承継されるため、対価の有無や自動車の通行の可否など、囲繞地の所有者と袋地の前所有者との間の合意内容を確認し、改めて囲繞地の所有者との間で合意書を交わすのが望ましいでしょう。

　他方、購入しようとする土地が袋地でないものの、隣地所有者から通行地役権や賃借権の設定を受けている場合は、登記がなければ、原則として、隣地所有者の譲受人などの第三者に対して通行地役権や賃借権に基づく通行権の主張ができません。そのため、通行地役権や賃借権が登記されていない場合は注意が必要です。

　以上を逆の視点から考えると、購入しようとする土地に通行権が付着していないかを確認する必要があるといえます。

■ 宅地建物取引業者の責任

　不動産の専門家ではない一般消費者が安心して宅地や建物の取引ができるよう、宅地建物取引業者は、宅地や建物の取引の代理や仲介をする際、宅地や建物の購入または貸借をしようとする者に対し、一定の重要事項を説明しなければなりません。建物の貸借の場合を除き、重要事項には「私道に関する負担に関する事項」が含まれており、私道負担の有無、私道の面積・位置、私道の維持管理あるいは通行のための負担金などについて説明しなければなりません。

● 宅地購入時に私道について確認すべきおもな事項 …………

① 購入する宅地に私道の負担はあるか	
② 他人所有の私道を通行できる権利はあるか	
③ 将来において、①や②が発生する可能性はあるか	
④ ①〜③の いずれかに あてはまる場合	私道の位置と面積
	私道の所有関係（とくに共有の場合は持分割合）
	他人所有の私道を通行する権利の法的根拠 （囲繞地通行権、通行地役権、位置指定道路など）
	私道の維持管理や通行のための負担金の有無と金額

錯誤による取消し

購入した宅地の一部が建築基準法上の道路にあたる場合は、原則として道路上に建築物を建築できなくなります。また、宅地が接道義務をクリアしていない場合は、原則として建築物を建築できません。

これらの土地取引に関する重要な事項について、何の説明も受けずに宅地を購入する契約を締結した場合は、民法上の錯誤を理由に、契約を取り消せる場合があります。錯誤とは、勘違いのことで、通常であれば、その勘違いがなければ契約を締結しなかったであろうと認められる場合であり、その勘違いが重大な過失（落ち度）によるものでないときに、契約を取り消すことができます。

契約不適合責任の追及

土地取引に関する重要な事項について、何の説明も受けずに宅地を購入する契約を締結した場合は、錯誤による契約の取消しができなくても、宅地上の建築物の建築に支障がある状況であれば、売主に対して契約不適合責任の追及ができる場合もあります。契約不適合責任として売主に追及できるのは、履行追完請求、代金減額請求、損害賠償請求、契約解除の4つです。

私道にも税金がかかるのか

　国や地方公共団体が維持管理している公道に対して、私人が所有して維持管理している道路が私道です。私道は私人が所有するため、その私人の個人的財産です。したがって、その他の不動産と同様に、私道を取得する際は不動産取得税、所有権移転登記をする際は登録免許税がかかります。さらに、私道は固定資産なので、私道の所有に対して毎年の固定資産税がかかり、所有する私道が都市計画区域内に存在すれば、毎年の都市計画税がかかります。

　しかし、私道といっても公道と同様に、一般公衆の通行に利用されている道路があります。たとえば、特定行政庁の指定を受けて建築基準法上の位置指定道路になると、所有者でも勝手に道路の変更や廃止ができず、道路上に建築物の建築などができなくなります。

　このように、私道の所有者は、一般の土地所有者と比べると、自身の所有でありながら土地利用について大きな制約を受けますので、私道に対しては非課税や減税の措置が取られています。私道に対する非課税や減税の措置のおもな適用要件は、何の制約も設けずに不特定多数の人が利用できる状態にしており、客観的に道路として認定できる形態であることです。適用要件を満たす私道は、不動産取得税、固定資産税、都市計画税が非課税となります。他方、登録免許税は、登記することで対抗要件が備わるという利益があるため、非課税ではなく減税の措置がとられています。

　しかし、「私道の通行に条件を設ける」「夜間は私道を閉鎖する」「私道を行き止まりにしている」など、不特定多数の人が利用できる状態でない場合は、上記の非課税や減税の措置がありません。

第4章

私道をめぐる
法律問題

1 道路の種類

建築基準法上の道路の種類

　建築基準法上の道路の種類については、第1章で説明したとおりです（⇨ P.14）。建築基準法上の道路は、原則として幅員4m以上（一定の区域内では6m以上）でなければなりません。そして、建築基準法上の道路としては、①道路法による道路、②開発道路、③既存道路、④計画道路、⑤位置指定道路、⑥2項道路などがあります。ここでは、それぞれの種類について見ていきます。

道路法による道路

　一般国道、都道府県道、市町村道などがあります。公道の多くは道路法による道路です。なお、道路法による道路であるとしても、幅員4m未満のものは、後述する2項道路にあたる場合を除き、原則として建築基準法上の道路にはあたりません。

開発道路

　都市計画法、土地区画整理法、土地再開発法などにより設置された道路のことです。宅地造成などに伴って設置されます。幹線街路や区画街路などがあります。

既存道路

　建築基準法の施行時や都市計画区域・準都市計画区域の指定時などに、すでに幅員4m以上（一定の区域内では6m以上）の道として存在し、現在に至っているものは、建築基準法上の道路になります。公道は道路法による道路にあたる場合が多いので、既存道路として建築

● 建築基準法上のおもな道路 ⋯⋯⋯⋯⋯⋯⋯⋯⋯⋯⋯⋯⋯⋯⋯

建築基準法が 規定する道路の種類	内容など
①道路法による道路	一般国道、都道府県道、市町村道などとされている道路
②開発道路	都市計画法、土地区画整理法、都市再開発法などによって設置された道路
③既存道路	建築基準法施行時や都市計画区域などの指定時に幅員４ｍ以上の道として存在し、現在に至っているもの
④計画道路	都市計画法などに基づく道路設置の事業計画があり、２年以内に事業を執行する道路として特定行政庁の指定があったもの
⑤位置指定道路	土地を建築物の敷地として利用するために設置する道であって、政令で定める基準に適合し、特定行政庁によって指定されたもの
⑥２項道路	建築基準法施行時や都市計画区域などの指定時に、すでに存在していた幅員４ｍ未満の道で、特定行政庁の指定を受けたもの

基準法上の道路となるのは私道の場合が多いといえます。なお、接道義務に関する建築基準法の規定は、都市計画区域・準都市計画区域内においてのみ適用されます。

▎計画道路

　都市計画法などによる道路設置の事業計画があり、２年以内に事業を執行する予定である道路として、特定行政庁（⇨ P.14）によって指定されたものは、道路設置工事が開始していない場合や完了していない場合でも、建築基準法上の道路として扱われます。

　都市計画法などによる道路設置の事業計画には、用地の収用や予算の確保がネックとなり、何十年も執行に着手していない計画も多く、

事業計画があるからといって、短期的には道路が設置される可能性が高いとはいえない場合もあります。しかし、上記の指定があった計画については、いよいよ道路が設置される一定の見通しが立ったものだといえます。

位置指定道路

　土地を建築物の敷地として利用するために設置する道であって、政令で定める基準に適合し、特定行政庁によって指定されたものは、位置指定道路として建築基準法上の道路として扱われます。

　たとえば、都市計画区域内において多数の住宅の敷地として利用するために宅地造成を行い、造成した宅地を分譲販売する際に設置される道路があります。造成した宅地の中を通る道は、不動産業者が管理する私道にすぎませんので、そのままでは建築基準法上の道路にあたりません。そのため、道路法による道路などに接しておらず、造成した宅地の中を通る道にのみ接している分譲地は、接道義務をクリアすることができず、住宅の建築ができません。

　そこで、不動産業者は、そのような分譲地に住宅を建築できるようにするため、造成した宅地の中を通る道について、位置指定道路としての指定を申請することになります。

2項道路

　建築基準法の施行時や都市計画区域・準都市計画区域の指定時などに、すでに存在していた幅員4m以上（一定の区域内では6m以上）の道は、既存道路として建築基準法上の道路になります。その一方、同じく建築基準法の施行時などに、すでに存在していた幅員4m未満の道は、原則として建築基準法上の道路にあたりません。しかし、実際には区画整理が進んでおらず、幅の狭い道に沿って住宅などが建ち並んでいる場所が多く存在するという実情があります。そのような場

● 2項道路（一定の区域内にあたらない場合）・・・・・・・・・・・・・・・・・・

【2項道路】建築基準法の施行時などに現存していた幅員4m未満の道路について、特定行政庁が指定することで建築基準法上の道路になる

⇒道路の中心線から左右2mずつ後退したところが道路境界線とみなされる（セットバック）

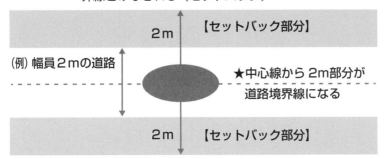

所について、接道義務をクリアしていないとして建築物の建築を一切認めないとすると、実情を考慮しない規制となります。

　そこで、建築基準法の施行時や都市計画区域・準都市計画区域の指定時に、現に建築物が建ち並んでいる道は、幅員4m未満であっても特定行政庁の指定により建築基準法上の道路とみなされます。これは建築基準法42条2項が定めているため、2項道路と呼ばれます。

　2項道路に接する敷地において新たに建築物を建築するときは、2項道路の中心線から水平距離2m（一定の区域内では3m）の線が道路境界線とみなされ、その境界線を越えない範囲で建築物を建てなければなりません。これをセットバックといいます。2項道路は幅員が狭く、日常的に車両のすれ違いが難しく、災害が発生した場合における住民の避難や緊急車両の通行に支障が生じます。そこで、将来的には原則通りの幅員をもつ道を確保できるように、建築物の建築にあたってセットバックの義務が課せられています。セットバックは、建築物を建てる際の大きな制約ですので、敷地に接している道路が2項道路かどうかを事前に確認しておくことは非常に重要です。

2 接道義務

接道義務とは

　接道義務とは、建築物を建てるには敷地が道路に接していなければならないという義務です。日常における自動車などの交通や、災害発生時の避難や緊急車両の通行に支障がないよう、公益上の観点から定められた義務です。具体的には、建築基準法において、建築物の敷地は道路に2m以上接しなければならないと規定されています。

　ここでいう「道路」とは、道路法による道路、開発道路、既存道路、計画道路、位置指定道路、2項道路といった建築基準法上の道路のことを指します。したがって、建築物は、それらのいずれかにあてはまる道路に接している必要があります。建築基準法上の道路は幅員4m以上を原則としますが、幅員4m未満であっても、建築基準法42条2項に定める2項道路にあたる道路であれば、接道義務との関係で道路として認められます。

　また、道路に「2m以上接している」とは、道路から建築物までの幅員が連続して2m以上確保されている状態を指します。したがって、1mずつ道路に接している部分が2か所ある場合は、接道義務を果たしているとはいえません。もっとも、道路に「2m以上接している」というのは、敷地が道路に接している長さですので、道路境界線に塀を設けたり、門や扉の開口部が2m未満であったりしても、敷地が道路に2m以上接していれば、接道義務違反とはなりません。

どんな場合に必要になるのか

　接道義務は、都市計画区域・準都市計画区域内で新たに建築物を建てる際に要求されます。接道義務がなかった時代に建てられた古い建

● 接道義務とは ‥‥‥‥‥‥‥‥‥‥‥‥‥‥‥‥‥‥‥‥‥‥‥‥‥‥

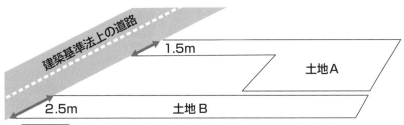

建築基準法上の道路

1.5m

土地A

2.5m 　　土地B

接道義務　建築物の敷地が道路に2m以上接していなければならない
∴土地Aは接道義務を満たさない
土地Bは接道義務を満たす

築物を取り壊すことは要求されていませんが、改築あるいは増築しようとする場合は接道義務を果たすことが要求されます。

接道義務の特例

　特殊建築物、3階建以上の建築物、延べ面積1000㎡を超える建築物など、一定の要件を満たす大規模な建築物については、地方公共団体が条例によって建築基準法よりも厳しい制限を設けることができるという接道義務の特例があります。大規模な建築物は多くの人の出入りが予想され、より厳格な接道義務を課しておく必要があるからです。一定の要件を満たす大規模な建築物を建築するときには、地域ごとに条例を確認することが必要です。

接道義務が適用されない区域と免除される場合

　接道義務は原則として都市計画区域・準都市計画区域外では要求されません。ただし、都市計画区域・準都市計画区域外でも、条例で制限を設けることができるため、地域ごとに条例の確認が必要です。

　また、建築物の周囲に空き地があることなどにより、交通・安全・防火・衛生の観点から支障がないものとして特定行政庁が建築審査会の同意を得て許可した場合には、接道義務が免除されます。

3 道路に関する建築制限

道路内の建築制限

　道路境界線をはみ出して、道路内に建築物を建てることは、原則として禁じられています。建築物の屋根が道路に突き出ることや、窓や扉が開閉時に一時的に道路に突き出ることも、原則として禁じられています。これらは一部が道路内にあることや、一部が道路に突き出ることも禁じられています。

　ただし、公衆便所、巡査派出所などの公益上必要な建物で通行上の支障がなく、特定行政庁が建築審査会の同意を得て許可したものなど、例外的に道路内の建築あるいは道路に突き出た建築が可能になる場合があります。

壁面線による建築制限

　壁面線とは、街区内における建築物の位置を整えて、街区の環境の向上を図るために必要があると認める場合に、道路に沿って道路境界線より内側の敷地内に設定されるものです。敷地内といっても、壁面線を超えて道路側に、建築物の壁や柱、あるいは高さ2mを超える門や塀などを建築することはできません。ただし、屋根やひさしは、壁面線から道路側に突き出して建築することができます。また、地盤面下の部分や、特定行政庁から許可を得た歩廊の柱なども、壁面線から道路側に突き出して建築することができます。

　もっとも、すべての建築物の敷地に壁面線が設定されているわけではなく、特定行政庁が指定することによって設定されます。指定するときは建築審査会の同意を得る必要がある他、利害関係者への聴聞などの手続きも必要になります。

● 路地状敷地

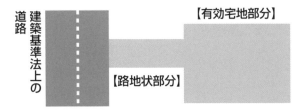

● 東京都建築安全条例の規制

路地状部分の長さ		幅員
原則	20m以下	2m以上
	20m超	3m以上
耐火建築物・準耐火建築物以外の建築物で延べ面積200㎡超の場合	20m以下	3m以上
	20m超	4m以上

路地状敷地とは

　路地状敷地とは、敷地の建築物を建築できるスペース（有効宅地部分）と道路との間に距離があり、有効宅地部分と道路との間に細長く路地状になっているスペース（路地状部分）がある敷地のことです。

　敷地が道路に2m以上接していれば、建築基準法上の接道義務をクリアすることができます。しかし、道路に接している敷地に路地状部分があって、有効宅地部分までの距離が長い場合には、路地状部分の幅員が十分でないと、日常における交通の他、災害時の避難や緊急車両の通行に支障が生じるおそれがあります。

　そのため、建築基準法とは別に、多くの地方公共団体が条例で路地状敷地がある場合に特別な制限を付加しています。たとえば、東京都は、東京都建築安全条例で、原則として、路地状部分の長さが20m以内の場合は、その幅員を2m以上、路地状部分の長さが20mを超える場合は、その幅員を3m以上とすることを義務づけています。なお、より広い幅員を必要とする例外的場合もあります（上図）。

4 2項道路

2項道路とは

　建築基準法上の道路は、幅員4m以上（一定の区域内では6m以上）でなければなりません。そうすると、幅員4m未満の道に敷地が接していたとしても、接道義務をクリアすることができず、建築物を建てることができないことになりそうです。

　しかし、建築基準法の施行時や都市計画区域・準都市計画区域の指定時において、幅員4m未満の細い道に沿って建築物が建ち並んでいる場合がありました。そこで、このような狭い道についても、特定行政庁が指定したものは、建築基準法上の道路としてみなすことにしています。そのような救済措置がないと、多くの建築物が接道義務をクリアできなくなり、増築や再築などができなくなってしまうからです。そして、建築基準法42条2項が定めていることから、2項道路と呼ばれます。

　なお、2項道路以外にも、建築基準法上の道路としてみなす場合があります。たとえば、一定の区域内では幅員6m以上でなければ道路と認められません。しかし、一定の区域内の6m未満の道について、避難や通行の安全上支障がないと認められ、かつ、すでに道路として利用されているなどの要件を満たす道については、特定行政庁が指定をすることで、建築基準法上の道路とみなされます。これは建築基準法42条4項が定めているため、4項道路と呼ばれます。

　このように、原則的な建築基準法上の道路の定義には当てはまらない道について、特定行政庁の指定により道路と"みなす"ものをみなし道路といいます。

● 2項道路の要件 ‥‥‥‥‥‥‥‥‥‥‥‥‥‥‥‥‥‥‥‥‥‥‥‥‥‥‥

2項道路の要件

特定行政庁による指定
※ 特定行政庁は公道か私道かを問わず指定する
　ことができる
※ 舗装済みであることも必要とされていない

指定のための要件：現に建築物が立ち並んでいること
● 少なくとも建築物が2棟以上立ち並んでいる道
● 指定する時点が基準時 ⇒現在の状況は無関係

■ 2項道路の要件

　敷地に接する幅員4m未満の道が2項道路となるためには、特定行政庁によって指定される必要があります。特定行政庁は公道か私道かを問わず指定することができます。舗装済みであることも必要とされていません。

　そして、建築基準法の施行時や都市計画区域などの指定時に、現に建築物が立ち並んでいることが指定の要件とされています。建築物が立ち並んでいる状況というのは、少なくとも建築物が2棟以上立ち並んでいる道であると考えられますが、具体的には個別の実態から判断することになります。そして、特定行政庁は指定する時点の状況を基準にして判断しますので、現在の状況は関係ありません。

■ 2項道路の指定

　2項道路の指定は、その対象となる敷地の所有者その他の利害関係人の意思に関わりなく、特定行政庁が一方的に行います。敷地に接する道が2項道路として指定されると、再築時にセットバックを要求されるなど、敷地に関する権利を一方的に制限されますが、敷地の所有者などへの補償はとくに行われていません。

　地方公共団体は、昭和25年に建築基準法が施行されて以降、狭い

道に対して2項道路の指定を行っています。多くの場合、個別の道路を一つずつ指定するのではなく、要件を定めて一括して2項道路の指定（一括指定）を行っています。その要件の具体例として、「幅員4m未満、1.8m以上であること」「一般の交通に使われていて、道路の形態が整っているもの」などがあります。指定の時点を基準に、要件に当てはまるかを判断しますが、建築基準法が施行された昭和25年に指定されたケースが多いため、時間の経過とともに、指定の時点で要件に当てはまっていたかを判断するのが難しくなっています。購入した敷地に接する道路が2項道路である場合には、建築物を建て替える時（再築時）にセットバック義務が課されますので、所有者にとっては重要な問題です。2項道路の認定について裁判になるケースもあります。

2項道路の一括指定には、抽象的な要件も含まれることから、判断が難しい場合は、役所の担当部署に問い合わせる必要があります。

2項道路のセットバック

2項道路の指定は既存の道に接する敷地への救済措置であり、将来的にはみなし道路の幅員が広がって4m以上になることが望まれています。そこで、道路の中心線から水平距離2m後退した線を道路境界線とみなし（みなし境界線）、2項道路に接した敷地に建築物を建て替える場合には、みなし境界線よりも道路側に建築物を建てることはできません。これがセットバックです。2項道路に接する敷地上の建築物が建て替えの際にセットバックをすることで、徐々に道路の幅員を4m確保することができるようになるわけです。

2項道路が崖・川・線路などに接している場合、崖などに接している側の道路の拡幅はできません。そこで、2項道路の中心線から2m以内に崖・川・線路などがある場合で、その道路の反対側の敷地に建築物を建て替える際は、崖などと道路との境界線から4m後退した線

までセットバックをする必要があります。

　建て替えを行う際、どこまでセットバックをする必要があるかを確認するためには、道路の反対側に位置する建築物がセットバック済みであるかどうかの確認が必要です。セットバック済みであれば、現在の道路の中心線から2mではなく、向かいの建築物がセットバックをする以前の道路の中心線から2m後退したところまでセットバックをする必要があります。

　そして、建築物の建て替え時にセットバックした部分の敷地は、引き続き私有地であることに変わりませんが、道路以外に利用することができなくなります。私有地であっても個人的な利用はできないわけです。そこで、セットバックした部分については、地方公共団体に申請をすることで、固定資産税の免除を受けることができます。

2項道路以外のみなし道路のセットバック

　特定行政庁は、幅員4m未満で将来の幅員拡張が難しいと予想される道について、建築審査会の同意を得た上で、セットバックの位置を道路中心線から2m未満、1.35m以上の範囲で指定することができます。建築基準法42条3項が定めているため、3項道路といいます。

　3項道路も建築基準法上の道路とみなされる点では2項道路と同様ですが、セットバックにより将来的に確保すべき幅員がより狭くなります。最も狭い幅員で2.7mとなります。このような緩和策は、傾斜地などで物理的に拡幅が困難な道路、河川や公園の沿道で安全上の問題がない道路、地域住民しか利用せず自動車が立ち入らない道路などで指定されることがあります。

　また、道路の幅員が6m以上とされている区域内における幅員6m未満の既存の道で、特定行政庁の指定により道路とみなされる4項道路の場合には、道路の中心線から水平距離3m後退した線までセットバックをする必要があります。

5 位置指定道路

位置指定道路とは

　土地を建築物の敷地として利用するために設置する道であって、政令で定める基準に適合し、特定行政庁によって指定されたものは位置指定道路として建築基準法上の道路と扱われます。広い土地を分譲して複数の建築物を建てようとした場合、道路に接していない敷地が出てくることがあります。その場合、広い土地の一部に道路を設置して、その道路が位置指定道路に指定されることで、分譲後の建築物が接道義務を果たすことができるのです。

　もっとも、宅地造成の過程で造られた道路がすべて位置指定道路になるわけではありません。同じような宅地造成の過程で造られた道路であっても、一定の技術要件を満たしていて都道府県知事から開発許可を得て行う場合には、都市計画法における開発行為で作られた道路として、建築基準法上の道路のうち開発道路にあたります。その他にも、土地区画整理法、都市再開発法などに規定された宅地造成の過程で造られる道路も、基本的に建築基準法上の道路のうち開発道路にあたり、位置指定道路とは異なるものです。

道路位置指定の申請

　道路位置指定とは、特定行政庁が位置指定道路として指定をすることです。2項道路などのみなし道路の指定は、特定行政庁が一方的に行うものですが、道路位置指定は、特定行政庁が土地の権利者などからの申請に基づいて行うものです。道路位置指定の申請に際しては、接道義務をクリアすることで、土地を建築物の敷地として利用できるようにするという目的を示すことが必要です。すでに接道義務をクリ

● 位置指定道路とは

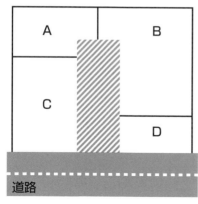

```
分譲によって生じたA・B・C・D
```

⇒ A・Bは接道義務を果たしていない
　∴ 建築物を建てることができない

★ 敷地の一部（左図の斜線部分）を位置指定道路とすることで、接道義務を果たすことが可能になる
（特定行政庁の指定が必要）

アしている敷地の条件を良くする目的（より規模の大きい建築物の建築をする目的など）である場合は、道路位置指定を受けることができません。また、道路を築造する必要がない土地も、道路位置指定を受けることができません。

　道路位置指定の申請に際しては、特定行政庁が指定する申請書などの必要書類の他、道路の関係権利者の承諾書と印鑑証明書なども必要です。関係権利者は、おもに指定を受けることで道路となる土地の権利者ですが、権利者には所有者だけでなく抵当権者・地上権者・地役権者・賃借人なども含みますので、単に土地の所有者にのみ承諾を得ればよいものではありません。さらに、道路となる土地に接する土地の権利者や、道路となる土地に接する土地の上にある建築物や工作物の権利者の承諾も得なければなりません。この他にも承諾を要する関係権利者が存在しますので、事前に確認することが必要です。

　そして、申請書や承諾書に加えて、見取図や測量図などの添付も義務づけられています。また、道路位置指定の申請には、数万円の手数料が設定されていることが多いといえます。

　このように道路位置指定の申請には、多くの関係者の関与と書類の準備や、一定の費用がかかるため、申請した後に取り下げることは避

けたいところです。そこで、多くの地方公共団体が申請書の提出前に事前相談をすることを推奨しています。一定規模以上の宅地造成については、都市計画法における開発行為にあたる場合があることから、事前相談をすることで、その点を確認することもできます。

道路位置指定の申請の流れ

道路位置指定の相談を特定行政庁のある地方公共団体にしてから位置指定道路として指定されるまでの流れは、地方公共団体により違いはありますが、基本的には類似の手続きを経て行われています。

具体的には、事前相談を行った後、本申請の前に事前協議手続に入ります。事前協議の中で現場調査なども行われます。事前協議が終了すると、道路の工事に着手することができます。工事が無事に終わると、道路位置指定の本申請に入ります。本申請が受理され、工事完了の検査を通ると、検査済証などが交付され、特定行政庁が申請対象の敷地を道路として指定することについての公告を行います。

道路位置指定の基準

道路位置指定を受けるためには、対象となる道が政令で定める基準を満たしている必要があります。

まず、両端が他の道路に接続していなければなりません。ただし、次の①～⑥のいずれかの場合には、一方が他の道路に接続し、他方が行き止まりである袋地状道路であってもよいとされています。

① 道の長さが35m以下である場合
② 行き止まりが公園、広場など、自動車の転回に支障がないものに接続している場合
③ 道の長さが35mを超える場合でも、35m以内ごとに国土交通大臣の定める基準に適合する自動車の転回広場が設けられている場合
④ 幅員6m以上の場合

⑤　その他特定行政庁が周囲の状況により避難や通行の安全上支障が
ないと認めた場合

　次に、道が交差・接続・屈曲する部分に、一定の基準を満たす隅切
りを設けることが必要です。ぬかるみとならないように、砂利やアス
ファルトが道に敷かれていることも必要です。さらに、道や周囲の敷
地内の排水に必要な側溝などの設置も必要になる他、勾配などにも基
準があります。なお、地方公共団体は、地域の実情に応じて、道路位
置指定の対象となる道について、異なる基準を定めることがあります
（基準を緩和する場合は国土交通大臣の承認が必要）。

道路位置指定の廃止・変更

　道路位置指定を受けて位置指定道路となると、一般公衆の通行に利
用されるようになります。そのため、位置指定道路の所有者であって
も、勝手に位置指定道路を廃止したり、変更したりすることはできま
せん。建築基準法には、位置指定道路の廃止や変更に関する手続が規
定されていません。しかし、分譲地を買い上げて、位置指定道路を含
む一帯の土地に大規模な建築物の建築を計画する場合など、土地の所
有者が、将来的に位置指定道路を廃止したいと考える場合も想定され
ます。その場合、位置指定道路を存続させる必要もないのに、廃止や
変更ができないのは不合理です。

　そこで、多くの地方公共団体では、条例により、申請による位置指
定道路の廃止や変更の手続を設けています。なお、位置指定道路の廃
止・変更を申請する際には、廃止・変更の申請時点における廃止対象
道路の敷地所有者と関係権利者の承諾書が必要となることに留意しな
ければなりません。

道路を駐車場代わりに使用することはできるのか

　私道は、分譲地などにおいて、道路を使用する住民で共有していることも多く、その利用方法によるトラブルが多くあります。

　私道は、私人の所有として管理されており、利用方法も私人に任されていますので、車を駐車することも自由ではないかとも考えられます。しかし、私道での車の駐車が長時間にわたり、実質的に車の保管場所（車庫）として利用されていることで、本来の通行の利用に支障を生じさせることは、他の共有者にとって重要な問題となります。

　自動車の保管場所の確保等に関する法律（車庫法）では、道路上の場所を自動車の保管場所として使用できないと規定し、道路以外の場所を車の保管場所として確保することを要求しています。この法律でいう「道路」とは、道路法による道路の他、一般交通に利用されているその他の場所も含みます。道路法による道路は、一般的に公道のことを指し、私道は直ちに該当しません。しかし、私道についても、分譲地などのように不特定多数の往来があり、一般交通に利用されていると認められると、特定の者の所有地であっても、車庫法における道路として扱われ、保管場所（車庫）としての使用はできないことになります。したがって、このような道路を駐車場代わりにしている場合には、他の共有者は駐車をやめるように請求できると考えられます。

　また、道路交通法による駐車が禁止されていない場所であっても、同一の場所に12時間以上（夜間は8時間以上）駐車している場合は、車庫法への違反となり、罰則の対象となる可能性があります。

第5章

境界をめぐる
法律問題

1 境界とは

境界にはどんなものがあるのか

　地球の表面である土地は広大であり、秩序をもった土地の利用を図るため、人為的に土地を区分しています。土地が各人の利用のために区分されると、土地と土地との間に境目が生じます。この境目のことを土地の境界といいます。土地の境界には、公法上の境界と私法上の境界という２つの意味があります。

　公法上の境界は筆界とも呼ばれます。不動産登記において、土地は「筆」という単位で数えられます。一筆の土地には地番が与えられ、地番が異なる相隣接する土地の境目が筆界となります。筆界は、固定資産税など租税の基準になる他、市町村などの行政区画の基準にもなります。このように、筆界は公的権限が及ぶ範囲を示すという性質を有するため、私人の合意のみによって筆界を定めることはできず、国のみが定めることができます。

　一方、私法上の境界は所有権界とも呼ばれます。相隣接する土地の所有権の境目が所有権界となります。筆界とは異なり、所有権界は隣人同士の合意で定めることができます。

境界をめぐる問題

　基本的には筆界と所有権界は一致しています。土地の登記簿（登記記録）、地積測量図、地図・公図をもって筆界を確認すれば、それが所有権界でもあることがほとんどです。この場合は、土地の境界が明確なので、境界をめぐる問題は生じないでしょう。

　しかし、筆界と所有権界が一致しない状況が生じる場合があります。たとえば、土地の一部を隣人が長期にわたり継続使用していた結

● 筆界と所有権界の合意による一致 ……………………………………

> 筆界と所有権界は一致する場合がほとんどである

▼

> 土地の利用・処分の状況に応じて、筆界と所有権界の
> 不一致が生じる場合がある

▼

> 隣接する所有者同士の合意で所有権界を定める

▼

> 分筆登記・合筆登記・所有権移転登記などを申請し、
> 所有権界と筆界を一致させる

果、隣人がその部分の所有権を時効取得した場合、先祖伝来の土地を、実は先代が一部売却していた場合、地震や洪水など自然災害で土地が変形した場合です。これらの場合、筆界と所有権界が一致しないので、境界の基準が不明確となり、隣接する土地の所有者の間で、所有権の範囲をめぐる問題が発生するおそれがあります。

▌境界を変更することはできるのか

　所有権界は、私人間の法律関係は当事者の自主的な決定に委ねるべきものという私的自治の原則により、当事者の合意により変更することができます。所有権界の確認や変更の際には、境界確認書を作成して境界標や塀の設置をするとよいでしょう。

　筆界は、私人間での合意による変更はできませんが、自己の所有する一筆の土地を複数の土地に分割する分筆登記や、複数の隣接する土地を一筆の土地に合体する合筆登記を申請することで、国（登記官）に変更してもらうことができます。私法上の境界と公法上の境界は一致させることが望ましいので、通常は、境界確認書を作成した上で、分筆登記、合筆登記、所有権移転登記などの申請を行い、両者を一致させることになります。

Q 実測面積が登記簿記載の地積と異なる場合がある
のでしょうか。

A 昔の測量の精度の低さなどが原因で、実測面積が登記
簿記載の地積と異なる場合があります。

　実測面積が登記簿（登記記録）記載の地積よりも大きいことを「縄
のび」といい、実測面積が登記簿記載の地積よりも小さいことを「縄
ちぢみ」といいます。

　近年土地の実測が行われ、地積測量図が作成された土地の登記簿に
ついては、技術の発達により精度の高い測量が行われているので、登
記簿記載の地積は実測面積とほぼ一致しています。

　しかし、古くから存在する土地の登記簿については、とくに地方の
農地や山林を中心に「縄のび」が多く存在しています。近年に比べて
測量の精度が低かったことも原因のひとつですが、「縄のび」につい
ては、明治時代の地租改正に際して、地租の基準となる土地の面積に
ついて税負担を軽くするために、土地の所有者が意図的に実際よりも
小さく申告したことなどが原因であるともいわれています。

　最近では GPS 衛星などから発信される電波を受信して測量を行う
ことができるなど、精度の高い測量が可能であり、実測面積と登記簿
記載の地積に相違が生じにくくなっています。

　実測面積と登記簿記載の地積が異なることで、とくに問題となるの
が土地の売買契約です。実測面積を基準に売買金額を決めるのか、そ
れとも登記簿記載の地積を基準に売買金額を決めるのか、両者に差が
ある場合に売買代金の清算をするのかなど、トラブルが発生しないよ
うに契約条項を定める必要があります。

地籍調査とはどんなものなのでしょうか。地籍調査によって地籍図に記載された境界はどのような意味をもつのでしょうか。

 地籍調査では筆界の位置も調査されますが、これにより筆界が最終的に確定されるわけではありません。

　地籍調査とは、市町村が主体となって、国土調査法に基づき1つの土地ごとに所有者、地番、地目（宅地や田など土地の用途のこと）、筆界を調査したり、土地の面積を測量したりして、その成果を反映した地図（地籍図）や簿冊（地籍簿）を作成することです。地籍調査の成果は、固定資産課税台帳の修正などでも活用されます。

　地籍調査において調査した筆界は地籍図に記載されます。筆界の調査にあたっては、調査を行う市町村の職員などが、事前に公図や土地の占有状況などの資料を集めます。さらに、現場で相隣接する土地の所有者に立会いを求めて確認し、土地の所有者が筆界であると示した場所に境界杭が設置されます。

　しかし、地籍調査で筆界を確認しても、筆界が最終的に確定したことにはなりません。筆界の最終的な確定は境界確定訴訟によって行われるものであり、地籍調査を行う市町村に筆界を最終的に確定させる権限はなく、私人が勝手に筆界を決められるものでもないからです。地籍調査により筆界の調査がなされたとしても、土地所有者の言い分や現地の状況を確認するものにとどまり、筆界が確定したとはいえません。したがって、地籍調査で確認した筆界を、後から土地の所有者が争うことは可能です。紛争の蒸し返しを防ぎたいのであれば、境界確定訴訟で筆界を確定する必要があります。

Q 公図とは何でしょうか。境界との関係ではどのような意味をもつのでしょうか。

A 土地の登記に備え付けられている図面のうち相当数は公図です。明治時代に作成された図面が基となっており、現況とは大きく異なる場合もあります。

　公図とは、土地の登記に備え付けられている図面のうち相当数を占めるものです。明治時代の地租改正時に、税金徴収のために作成された帳簿である土地台帳に備え付けられた図面が基となっています。この土地台帳に備え付けられた図面のことを旧土地台帳附属地図といいます。

　旧土地台帳附属地図の作成は、急激な税制改革に対する国民の反発を抑えたいなどの理由もあって、土地所有者の申告に基づいて作成されました。その際、土地所有者が税負担を軽くする目的から土地の面積を実際より狭く申告したため、公図には実際より狭く土地が記載される傾向がありました。また、当時は測量技術が未熟であったため、旧土地台帳附属地図の精度は高くありませんでした。旧土地台帳附属地図を基にした公図も同様です。公図は不動産登記法にいう「地図に準ずる図面」にあたります。不動産登記法にいう「地図」にあたるのは、地籍調査などにより作成された図面です（14条地図といいます）。

　このように、公図は現況とは大きく異なる場合があり、その精度は高くありませんが、土地の登記に備え付けられている図面の相当数を占める以上、公図を頼りに土地の調査を進めざるを得ないことも考えられます。土地の並びや地形の特徴などは、公図からもある程度読み取ることができますので、一定の参考にはなります。

Q **14条地図とはどのような地図でしょうか。14条地図が現況と異なる場合に訂正を求めることはできるのでしょうか。**

A 地籍調査などによって作成された精度の高い地図で、土地の登記に備え付けられます。精度が高いとはいえ現況と異なるときは、地図の訂正の申出ができます。

　14条地図とは、不動産登記法にいう地図のことです。不動産登記法14条1項が、登記所に地図および建物所在図を備え付けることを規定している点から、不動産実務において14条地図と呼ばれています。14条地図は、地図から現地において境界を復元できるものでなければならず、測量法による厳密な精度をもった測量に基づいて作成されなければなりません。

　14条地図にあたる代表例が、地籍調査によって作成された地図です。地図の作成作業にあたるのは、市町村の専門職員、委託を受けた土地家屋調査士、測量士などの専門家です。14条地図には、面積、境界の位置をはじめとする土地の現況に関して高い信頼性があります。しかし、地籍調査などが進んでおらず、14条地図の代わりに公図が備え付けられている土地も相当数を占めています。

　なお、14条地図は信頼性が高いとはいえ、その内容に誤りがあるときは、登記所に対して地図の訂正の申出ができます。その場合は、地図の誤りを証明するために、地図作成当時からの資料を集めることが必要ですが、これには大変な手間がかかる場合があります。地図作成後の工事などで境界杭が不当に動かされ、地図と現況に違いが生じたということも現実に起きていますので、地図の訂正を求める前に、現況が誤っている可能性も検討した方がよいでしょう。

2 境界標とは

境界標の種類

　境界標とは、土地の境界の基準となる境界点を現地で示すための標識のことです。境界標の構造などの条件を定めた法令は存在しません。しかし、容易に動かし難いものである（不動性）、長期にわたる風雪に耐える堅固なものである（永続性）、境界標であることが明白で発見しやすい（顕著性）という条件を備えていることが要求されています。そのため、コンクリート杭、石杭、プラスチック杭、金属標などを境界標として利用するのが通常です。

境界標にはどのような効力があるのか

　境界標が土地の境界を正確に示しているのであれば、土地の境界をめぐる隣人同士の争いを予防することができますし、第三者による土地の侵害の予防にもなります。土地を他人に売却する場合にも、その対象となる土地の範囲が明確であるため、迅速・円滑な取引が可能になります。

　ただし、境界標が必ずしも土地の境界を正確に示しているとは限りません。たとえば、境界標が設置された当初は、境界標が土地の境界を正確に示していたとしても、境界標が風雪に耐えきれずに損壊したり、あるいは人の手によって無断で移動させられることがあります。したがって、境界標は、土地の境界を判断するための重要な資料ですが、設置後の損壊・滅失・移動のおそれがあるため、境界点を正確に示していない場合があり得ることに注意が必要です。

　土地の所有者は、境界標が存在しているのか確認し、存在しないのであれば、境界標の設置を検討すべきでしょう。また、境界標が存在

● 境界標が物理的に失われる例 ....

経年変化、腐食などによって破損して失われる

傾斜地などの場合は、地震・土砂崩れなどで移動して失われる

道路工事などの工事やブロック塀の築造によって失われる

自動車などにたびたび踏まれることで移動または破損して失われる

盛土などによって埋もれて失われ、直接に視認できなくなる

境界標の頭部が破損して、刻印されていた矢印や十字印がわからなくなって失われる

するのであれば、それが土地の境界を正確に示しているかを定期的に確認し、境界標が損壊・滅失したり、移動させられたりしないよう適切に管理すべきでしょう。

境界標を設置するには

境界標は、過去の境界確認や地籍調査の際に設置されることが多いのですが、設置されていない場合もあります。

土地の所有者が境界標を設置する場合は、隣地の所有者と共同で行うことができます。境界標を設置する場合は、隣接する土地の所有者の間で話し合い、測量により正確な境界を明らかにした上で、境界標の位置や材質を定め、境界標の設置・保存の費用の分担について決めることになるでしょう。なお、民法の規定により、境界標の設置・保存の費用は折半するのが原則、測量の費用は土地の面積に応じて分担割合を決めるのが原則ですが、分担割合は合意によって変更することができます。

土地の所有者が、隣地の所有者の承諾を得ずに、独断で境界標を設置してしまうと、境界をめぐるトラブルにつながるおそれがあります。隣地の所有者との合意の上で、境界標を設置することが求められます。

Q 境界標を設置するときの費用はどうなるのでしょうか。

 A 境界標を設置する費用は、原則として土地の所有者と隣地の所有者が等しい割合で負担します。

　民法では、土地の所有者は、隣地の所有者と共同の費用で境界標を設けることができ、境界標の設置・保存の費用は、相隣接する土地の所有者が等しい割合で負担すると定めています。境界標を設置することは、相隣接する土地の所有者に土地の所有権の範囲を明確にするという共同の利益を与えるからです。後のトラブルを避けるため、境界標の設置は隣地の所有者の承諾を得て行うべきでしょう。なお、境界の設置・保存の費用は、合意により異なる分担割合を定めることもできます。

　境界標の設置にあたり、測量を要する場合があります。民法では、土地の面積に応じて測量の費用を分担すると定めています。土地の形状は考慮されていません。費用の分担割合について民法と異なる内容の合意をすることもできます。

　境界線上にすでに設けられている境界標は、相隣接する土地の所有者の共有であると推定されます。長年存在している境界標の所有権が誰にあるのかを証明するのは困難である一方、境界標は隣接地の共通の利益になるといえます。そこで、どちらかに境界標の所有権があることが証明されない限り、境界標は共有であると扱うことにしています。

　なお、境界標は、境界について争いが生じたときに、境界を認定するための重要な資料となります。争いがないうちに、隣地の所有者に相談して、費用の負担割合などを協議し、設置しておくのがよいといえます。

土地の所有権は上空や地下のどの範囲まで効力が及ぶのでしょうか。

 土地の所有権は、法令の制限に違反しない限り、上空や地下にも効力が及びます。

　民法では、土地の所有権は、法令の制限内において、その土地の上下に及ぶと定めています。したがって、法令の制限に反しない限り、地表だけでなく上空や地下にも及びます。そこで、どのような「法令の制限」があるかを見ていきます。

　上空に関しては、航空法の存在が挙げられます。航空法では、航空機の飛行に関する最低安全高度を定めており、航空機は最低安全高度以下の高度で飛行することが禁止されています。これに対し、最低安全高度を超える高度での航空機の飛行は、土地の所有者の承諾が不要と考えられています。この点で、土地の所有権が一定の制限を受けているといえます。

　地下に関しては、大深度地下使用法（大深度地下の公共的使用に関する特別措置法）の存在が挙げられます。大深度地下とは、原則として地表から40 m以上の深さの地下のことです。大深度地下使用法では、地下鉄を設置するなどの事業のため、大深度地下の使用の認可を受けた事業者は、大深度地下の使用ができると定めており、土地の所有者の承諾は不要と考えられています。この点で、土地の所有権が一定の制限を受けているといえます。

　より身近な法令では、建築基準法の隣地斜線制限などは、上空に関する法令の制限といえます。また、都市計画法の都市計画施設の区域内では、原則として地階の建築は許可されませんが、これは地下に関する法令の制限だといえます。

Q 隣家の所有する土地の一部を長年にわたり継続占有していましたが、その土地の一部の所有権を取得することができる場合はあるのでしょうか。

A 取得時効の要件を満たせば、継続占有していた土地の一部の所有権を取得することができます。

　隣地との間の境界を越えて、隣地の一部を継続占有することにより、その隣地の一部の所有権を取得することができる場合があります。これを取得時効といいます。長年にわたる継続占有の状態を尊重すべきである一方、長年にわたり権利を主張しなかった者は真の権利者でも保護に値しないことなどが、所有権の時効取得が認める根拠とされています。

　土地を時効取得するためには、一定期間にわたり継続して、所有の意思をもって、平穏かつ公然と他人の土地を占有するという要件を満たすことが必要です。占有開始時点で自分に所有権があると信じ、そのことに過失がない場合は10年間、そうでない場合は20年間、占有を継続する必要があります。平穏かつ公然とは、暴力などを用いた占有でもなく、隠れた占有でもないという意味です。さらに、上記の要件を満たした上で、隣地の所有者に取得時効を援用するとの意思表示をする必要があります。これを時効の援用といいます。

　隣地の一部の所有権を時効取得すると、土地の所有権が及ぶ範囲が筆界と一致しなくなります。そこで、筆界を変更するためには、隣地の所有者の協力を得て、時効取得した部分について分筆登記を申請することになります。隣地の所有者の協力を得られない場合は、境界確定訴訟などによって解決を図ります。

Q 20年以上継続占有してきた自宅の敷地の一部が市の所有物だったことがわかりました。この場合、敷地の一部について時効取得を主張できるのでしょうか。

 A 対象となる土地の法的性質により、時効取得を主張できる場合とできない場合があります。

　国または地方公共団体が有する財産は、行政財産と普通財産に分類されます。行政財産とは、公共の目的のために利用される財産です。行政財産には、庁舎などの国や地方公共団体が直接利用する公用財産や、公園などの一般公衆により利用される公共用財産などがあります。

　普通財産とは、行政財産以外の財産で民間への貸与や売却ができるものです。民間の私有財産と同様に、普通財産は時効取得が可能とされていますので、設例の敷地が普通財産であれば、その一部の時効取得を主張できるでしょう。

　他方、行政財産には民法の取得時効に関する規定が適用されません。ただし、行政財産について公共の目的が失われたときは、行政財産としての用途を廃止する場合があります。これを公用廃止といいます。公用廃止に関しては、長年にわたり公共の目的のために利用されることなく放置され、行政財産としての形態・機能をまったく喪失し、他人が占有しても公共の目的が害されることもなく、行政財産として維持する理由がなくなったときは、黙示的な公用廃止が認められます。公用廃止された行政財産は時効取得が可能とされています。

　したがって、設例の敷地の一部が行政財産であっても、公用廃止されたと判断できるのであれば、時効取得の余地があるでしょう。

3 建物と境界線

境界線ぎりぎりに建物は建てられないのが原則

　土地の所有者は、原則として土地を自由に利用することができます。したがって、自分の土地内であれば、どの場所に建物を建ててもよく、境界線ぎりぎりに建物を建てることもできるように思えます。しかし、境界線付近の建築は、民法などの法律で制限される場合があります。

　民法では、建物を建てる場合は、境界線から50cm以上の距離を保たなければならないと規定しています。もし建物が火事になった場合に、建物同士が密着して建っていると、延焼が発生して被害が拡大する可能性があります。さらに、風通し、日当たり、プライバシーなどの観点からも、建物同士が密着して建っていることは好ましくありません。これらの事情から、建物同士が一定の距離をとるように、民法の規定が設けられています。

　上記の規定に違反して、境界線から50cm未満の距離に建物を建てる工事が始まった場合、隣地の所有者は、工事の中止や変更の請求ができるという民法の規定もあります。ただし、工事の着手から1年が経過した後や工事が完成した後は、工事の中止や変更の請求ができなくなり、損害賠償請求ができるにとどまります。

　以上の民法の規定は、当事者の合意により、その適用を排除することが可能です。したがって、隣地の所有者が同意するのであれば、境界線ぎりぎりに建物を建てることができます。

　また、古くからある街並みなどで、境界線から50cm以上の距離を置かないなど、その地域に異なる慣習がある場合には、慣習が優先されることになります。

● 建物と境界線との距離 ………………………………………………

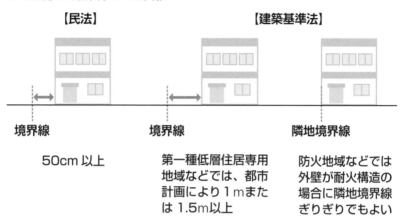

【民法】

境界線

50cm 以上

【建築基準法】

境界線

第一種低層住居専用
地域などでは、都市
計画により1mまた
は1.5m以上

隣地境界線

防火地域などでは
外壁が耐火構造の
場合に隣地境界線
ぎりぎりでもよい

建築基準法による例外

　しかし、建築基準法には、境界線付近の建築について、以下のよう
に民法とは異なる規定があり、建築基準法の規定が優先適用されます。

　まず、第一種低層住居専用地域・第二種低層住居専用地域・田園
住居地域内について、建築物の外壁と境界線（敷地境界線）との距
離（外壁の後退距離）を1mまたは1.5m以上にすべきことを、都市
計画に定めることができます。上記の用途地域内では、防火、風通し、
日当たり、プライバシーなどの観点から、良好な住居の環境を保持す
ることが求められているからです。上記の用途地域内で建築物を建て
るときは、都市計画に外壁の後退距離に関する定めがあるかどうかを
確認する必要があります。

　次に、防火地域・準防火地域内にある建築物で、外壁が耐火構造の
場合には、外壁を隣地境界線と接して設けることができます。この場
合は、隣地境界線ぎりぎりに建築物を建てることができます。耐火構
造の外壁の設置を促すとともに、防火地域・準防火地域内における土
地の有効利用を図ることが目的です。

隣人が境界を越えて建物を建築しはじめました。
どのように対抗すべきでしょうか。

 建物未完成の段階では、工事続行禁止の仮処分の申立
てや工事差止請求の訴訟提起が考えられます。建物完
成後は、建物収去請求の訴訟提起が考えられます。

　土地の境界を越えて、許可なく建物の建築が始まった場合は、土地
の所有権に基づき、建築の中止や建築計画の変更を請求することがで
きます。相手方が素直に従ってくれれば、問題は解決しますが、相手
方が従わずに工事を続行する場合は、法的手続を取ることが必要です。
具体的には、工事差止請求の訴訟提起が考えられますが、訴訟手続中
に建物が完成すると困るので、暫定的な手続として、裁判所に工事続
行禁止の仮処分の申立てをして、早期に工事を止めることが必要にな
ります。

　建物が完成した場合は、土地の所有権に基づき、建物の収去を請求
することができます。相手方が従わなければ、建物収去請求の訴訟を
提起することが必要です。ただし、越境の程度がわずかな場合は、建
物収去請求が認められないことがあります。

　その他、建物が完成しているかどうかにかかわらず、越境建築に
よって被った損害に応じて、隣人に対して損害賠償請求をすることが
でき、相手方が従わなければ、損害賠償請求の訴訟を提起することに
なります。

　なお、境界を越えた建物が完成した後、何の対応を取ることなく放
置し続けると、取得時効が成立して、土地の越境部分の所有権を失う
おそれがあります。越境を確認したときは、速やかに法的手続に入る
ようにしましょう。

Q 隣家の窓から私の家が丸見えになっているので、隣家に目隠しをしてもらいたいのですが、可能でしょうか。

A 隣家の窓が土地の境界線から1ｍ未満の距離にあれば、隣家に目隠しの設置を求めることができます。

　自分の土地にどのような建物を建築するかは、本来土地の所有者の自由ですが、それにより隣人のプライバシーが害されるのは問題です。民法では、境界線から1ｍ未満の距離に、他人の宅地を見通すことができる窓または縁側（ベランダを含む）を設置する者に対して、目隠しを設けることを義務づけています。

　この義務は「他人の宅地を見通すことができる窓・縁側」であることが要件となりますので、窓・縁側の構造によっては、境界線から1ｍ未満の距離にあるとしても、目隠しの設置義務が生じない場合があります。たとえば、曇りガラスで開閉できない窓であれば、他人の宅地を見通すことは困難なので、目隠しの設置義務が生じないといえます。なお、戸建住宅の隣地にマンションが建つ場合などは、上層階から見下ろすことができるので、目隠しの設置義務が生じないとしても、とくにプライバシーへの配慮が必要です。

　また、「他人の宅地」とは、登記簿上の地目に関係なく住居として利用されている土地を広く含みます。したがって、隣地が工場や倉庫など、住居以外の建物の敷地の場合は、目隠しを設置する義務が生じないことになります。

　さらに、窓・縁側の構造などから、隣人のプライバシーを害するおそれが少なく、他方で、目隠しの設置の負担が大きい場合には、目隠しの設置請求が権利の濫用として認められない可能性もあります。

Q 自分の土地に越境してきた木の枝や根をその所有者の承諾を得ることなく、勝手に切り取ってもよいのでしょうか。

A 越境してきた木の根は、所有者の承諾を得ずに切り取ることができますが、越境してきた木の枝は、所有者に切り取るように求めることしかできません。

　自分の土地に竹木を植えることは自由ですが、その竹木の枝や根が境界線を越える（越境する）のは、隣地の所有権の侵害にあたります。民法では、越境した竹木の枝や根について、異なる取扱いをしています。

　隣地の竹木の枝が越境するときは、竹木の所有者に対して、その枝の切除を求めることができます。隣地の所有者が切除できるのではなく、竹木の所有者に切除を請求できるにとどまります。請求を受けた竹木の所有者は、枝の切除を強いられるわけではなく、竹木を植え替える方法を選択することもできます。もっとも、越境した枝がわずかであるなど、枝の切除を求めることが権利濫用にあたると判断される場合には、枝の切除の請求が認められません。

　隣地の竹木の根が越境するときは、竹木の所有者の承諾を得なくても、その根を切り取ることができます。ただし、根を切り取る際には注意が必要です。越境してきた竹木の根によって何の不利益を受けていない状況で、その竹木の根を切り取り、その竹木を枯らせた場合などは、権利濫用と判断されて、竹木の所有者から不法行為責任を問われる可能性があります。したがって、いきなり切り取るのではなく、まず竹木の所有者と話し合って解決を図る方がよいでしょう。

隣地の所有者が境界標を無断で移動したのですが、この行為は犯罪にあたらないのでしょうか。他にも境界に関係する犯罪はありますか。

 境界標を無断で移動させると境界損壊罪にあたる可能性があります。境界に関する他の犯罪として不動産侵奪罪が挙げられます。

　刑法では、境界標の損壊・移動・除去など方法により、土地の境界を認識できないようにした者に対して、5年以下の懲役または50万円以下の罰金を科すと定めています。これを境界損壊罪といいます。

　境界損壊罪の対象となる境界標は、土地の境界を示すものであれば、杭、柱、堀など人為的に設置された工作物だけでなく、樹木など自然物も含まれます。境界標の所有者が自ら損壊などをする行為も境界損壊罪にあたります。ただし、境界損壊罪が成立するためは、土地の境界を認識できなくなることが必要ですので、境界標を損壊・移動・除去しても、いまだ土地の境界が明らかであれば境界損壊罪は成立しません。ただし、他人が所有する境界標を損壊したようなときには、器物損壊罪が成立する可能性があります。

　境界損壊罪の他に、境界に関係する犯罪として不動産侵奪罪が挙げられます。この罪は、他人の不動産であることを明確に認識した上で、不動産に対する他人の占有を排除し、自身や第三者のために占有を設定する行為（不動産の侵奪）について、10年以下の懲役を科すものです。したがって、境界を越えて隣地の所有者に無断で建物を建築することは、不動産侵奪罪にあたるおそれがあります。

4 合意による境界の確定

当事者の合意により境界を確定することはできるのか

　土地の境界について争いがある場合に、相隣接する所有者間の合意により境界を確定することができるかどうかは、境界の性質によって異なります。私的自治の原則により、土地の所有権を含めた財産権は、私人が自由に処分することができるのが原則です。そのため、所有権界（私法上の境界）は、原則として、土地の所有者間の合意によって確定することができます。

　その一方、筆界（公法上の境界）は、固定資産税などの課税の基準となったり、市町村などの行政区画の基準になったりします。そのため、私人の合意のみによって筆界を確定することはできず、国の関与が必須となります。筆界を最終的に確定させるためには、境界確定訴訟などを利用することになります。

合意により境界を確定する際に交わす書類

　土地の境界について当事者の認識が一致したときは、境界合意書や筆界確認書を作成します。境界合意書などを作成しておけば、相続や売買などにより土地の所有者が変更した際に、隣地の所有者との合意内容を確認することができ、後のトラブル防止にもつながります。また、将来土地を売却するときや分筆などをするときにも、境界合意書などが必要となる場合があります。書面には各当事者が実印で押印し、印鑑証明書や図面を添付します。

　なお、所有権界と筆界は一致するのが通常であるため、所有権界と筆界との区別を意識しないで、境界合意書などの書面を取り交わすことが多いといえます。

境 界 合 意 書

　○○○○（以下「甲」という）と△△△△（以下「乙」という）は、後記物件目録記載の甲地と乙地との境界について、次のとおり確認した。

第1条（境界の合意）　甲と乙は、甲地と乙地との境界を別紙図面記載のイ点とロ点を直線で結んだ線上にあることを確認する。

第2条（塀等の設置）　甲と乙は、別紙図面のイ点とロ点を結んだ線を中心線とする次の仕様のブロック塀を設置するとともに、境界を明らかにするための境界標（金属鋲）を設置する。

① 高さ　　　○○m

② 長さ　　　イ点からロ点まで○○m

③ 厚さ　　　○○cm

④ 材質　　　コンクリートブロック

2　前項のブロック塀及び境界標（金属鋲）の設置に要する費用は、甲及び乙が2分の1ずつ負担する。

第3条（承継義務）　甲と乙は、後記物件目録記載の土地を第三者へ譲渡するときは、本合意の内容を告知し、本合意に基づく地位を当該第三者へ承継させなければならない。

第4条（協議義務）　甲と乙は、本合意の内容に関して協議すべき事項又は疑義が生じたときは、互いに誠意をもって協議の上、解決するものとする。

　以上、本合意の成立を証するため合意書を2通作成し、相互に署名・捺印の上、各々1通を保管するものとする。

令和○年○月○日

（甲）　○○県○○市○○町○丁目○番○号

　　　　　○　　○　　○　　○　　　　　　㊞

（乙）　□□県□□市□□町□丁目□番□号

　　　　　△　　△　　△　　△　　　　　　㊞

物件目録

（甲地）　所在　　　　　　　○○県○○市○○町○○

　　　　　地番　　　　　　　○○番○

　　　　　地目　　　　　　　宅地

　　　　　登記簿上地積　　　○○.○○㎡

　　　　　実測面積　　　　　○○.○○㎡

　　　　　所有者　　　　　　甲

（乙地）　所在　　　　　　　○○県○○市○○町○○

　　　　　地番　　　　　　　○○番○

　　　　　地目　　　　　　　宅地

　　　　　登記簿上地積　　　○○.○○㎡

　　　　　実測面積　　　　　○○.○○㎡

　　　　　所有者　　　　　　乙

筆 界 確 認 書

　○○○○（以下「甲」という）と△△△△△（以下「乙」という）は、土地の筆界に関し令和○年○月○日、現地において立会し、次のとおり確認した。

1　筆界を確認した土地の表示

　　甲の土地　　　○○市○○区○丁目○番○　　　宅地　　　○○㎡

　　乙の土地　　　△△市△△区△丁目△番△　　　宅地　　　△△㎡

2　甲及び乙の筆界の状況

　　別紙測量図朱線のとおり

　以上のとおり甲及び乙は、それぞれの筆界を確認したことを証するため、本確認書を2通作成し、各々1通を保有する。なお、上記土地を第三者に譲渡した場合は、互いに本確認書を譲受人に承継させるものとする。

令和○年○月○日

　　　　　　　　　　　（甲）　○○市○○区○丁目○番○号
　　　　　　　　　　　　　　　○○○○　　　㊞
　　　　　　　　　　　（乙）　△△市△△区△丁目△番△号
　　　　　　　　　　　　　　　△△△△　　　㊞

5 筆界特定制度

筆界特定制度とは

　筆界特定制度は、過去に定められたもともとの筆界（公法上の境界）を、現地調査をふまえて筆界特定登記官が明らかにする制度です。裁判所が関与せずに筆界特定登記官（筆界特定制度に関与する法務局の登記官）が行う手続であるため、裁判所における訴訟手続よりも迅速に行われ、費用を抑えることができます。

　筆界特定制度は、筆界特定登記官が新たに筆界を定めるものではなく、当初の登記の際に存在していた筆界を明らかにするものです。なお、筆界特定制度により特定された筆界に不満がある場合は、裁判所に境界確定訴訟を提起することも可能です。

誰がどこに申請するのか

　不動産の登記は、土地の状況を示す表題部と権利関係を示す権利部に分かれます。申請資格がある者は、以下の①〜④のいずれかに該当する者です。土地の共有者の一人や、一筆の土地の一部の所有者も単独で申請する資格があります。

① 　権利部に土地の所有者として登記されている者
② 　①がいない場合は表題部に所有者として表示されている者
③ 　登記がない土地の場合は土地の所有者
④ 　①・②の相続人などの一般承継人

　筆界特定を申請する際は、対象となる土地の所在地を管轄する法務局・地方法務局に申請します。たとえば、東京都品川区に所在する土地であれば東京法務局です。その土地の所在地を管轄する支局・出張所を経由して申請することもできます。

● 筆界特定制度と境界確認訴訟の比較 ……………………

	筆界特定制度	境界確定訴訟
長所	費用・時間を抑えることができる	裁判所による最終的な判断により筆界が確定する
短所	筆界を特定しても、境界確定訴訟の判決により変更される可能性がある	判決が出るまでに時間がかかり、訴訟費用も高くなる

申請書の記載事項

　筆界特定の申請をする場合において、申請書に記入すべきおもな記載事項は、次のとおりです。

① 申請の趣旨

　申請人が、対象土地の筆界について筆界特定を求めることを記載します。たとえば、「後記1記載の甲地と乙地との筆界について筆界の特定を求める」との記載です。

② 申請人の氏名（法人の場合は名称）・住所

　申請人が法人の場合は代表者の氏名、代理人によって申請する場合は代理人の氏名や住所も記載します。

③ 対象土地を特定する事項

　対象土地を特定するため、土地の所在や地番を記載します。登記がない土地には地番が割り振られていませんので、その土地の所在を記載します。所在や地番に代えて不動産番号を記載することもできます。法律上は必要とされていませんが、通常は地目や地積なども記載します。

④ 対象土地について筆界特定を必要とする理由

　筆界特定の申請に至る経緯その他の具体的な事情を記載します。筆界特定登記官が事実関係を早期に把握することが早期解決につながるため、できるだけ詳細な記載が望ましいといえます。

どのような書類を添付するのか

申請書に添付して提供すべきおもな書類は、次のとおりです。

① 会社法人等番号（法人番号）を有しない法人が申請人であるときは、代表者の資格証明書

② 代理人によって申請するときは、代理権限を証明する書面

③ 所有権登記名義人や表題部所有者の相続人などの一般承継人が申請人であるときは、相続などの事実を証明する書面

④ 登記のない土地の所有者や、一筆の土地の一部を取得した者が申請人であるときは、所有権を証明する書面

⑤ 申請書に記載されている所有権登記名義人または表題部所有者の氏名（法人の場合は名称）・住所が登記記録と合致しないときは、変更などがあったことを証明する書面

上記③・⑤の書面については、戸籍事項証明書や法人の登記事項証明書など、公務員が職務上作成したものに限られます。④の書面については、売買契約当事者が実印を押印した契約書と印鑑証明書などがこれにあたります。その他に、固定資産評価証明書、現地案内図、手数料計算書などを添付します。

申請手数料と手続きに要する費用

申請手数料は、対象となる土地の価額によって決まります。たとえば、申請人の土地とその隣地の価格の合計が 4,000 万円である場合には、申請手数料は 8,000 円になります。手数料の計算方法については、対象土地を管轄する法務局または地方法務局に問い合わせるとよいでしょう。

さらに、筆界特定の手続における測量費用など（手続費用）についても、その概算額を予納することが必要です。金額は一律ではありませんが、一般的に 50 〜 80 万円程度です。

● 筆界特定制度の手続の流れ ・・・・・・・・・・・・・・・・・・・・・・・・・・・・・・・・・・・

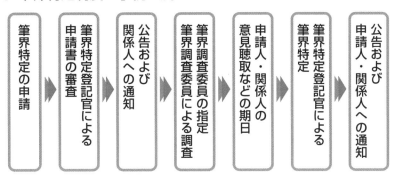

筆界特定の申請 ▶ 筆界特定登記官による申請書の審査 ▶ 公告および関係人への通知 ▶ 筆界調査委員の指定筆界調査委員による調査 ▶ 申請人・関係人の意見聴取などの期日 ▶ 筆界特定登記官による筆界特定 ▶ 公告および申請人・関係人への通知

▎筆界特定の手続の流れ

　管轄の法務局または地方法務局に申請すると、筆界特定登記官による審査が始まります。申請書の内容に不備があれば、その是正が求められます。筆界特定の対象とならない場合、申請手数料や手続費用が納付されない場合などは、申請が却下されます。

　申請が却下されなければ、筆界特定が申請された事実が公告されるとともに、関係人（筆界と隣接する土地の所有者）に通知されます。申請人・関係人は、筆界特定について意見書や資料を提出することができます。これらが提出されると、その内容が相手方に通知されます。そして、関係機関から資料収集が行われるとともに、筆界調査委員（専門的な技術・知見を有し、筆界特定登記官をサポートする者で、土地家屋調査士、司法書士、弁護士などから指定されます）による実地調査や測量が行われます。

　その後、申請人・関係人からの意見聴取などを行う期日が実施されます。申請人・関係人は、期日において筆界特定登記官に意見を述べ、資料を提出する機会が与えられます。また、期日には筆界調査委員が立ち会います。そして、筆界特定登記官が筆界調査委員の意見を聴いた上で、対象土地の筆界を特定します。申請人には筆界特定書の内容が通知される他、筆界特定をした事実が公告され、関係人にも通知されます。

筆 界 特 定 申 請 書

令和○年○月○日

○○法務局　筆界特定登記官　殿

申請の趣旨

後記1記載の甲地と乙地との筆界について、筆界の特定を求める。

申請人及び代理人の表示

申請人　　　　　　○○市○○町○丁目○番○号　　甲 山 一 郎

申請人代理人　○○市○○町○丁目○番○号

　　　　　　　　　　○○○○○　　法 村 律 子　㊞

　　　　　　　　　　電 話　000-0000-000

　　　　　　　　　　FAX　000-0000-000

筆界特定添付書面等の表示

　　□資格証明書　　■代理権限証書　　　□相続証明書

　　□承継証明書　　□所有権（一部）取得証明書

　　□氏名変更（更正）証明書　　　□住所変更（更正）証明書

　　■固定資産評価証明書　　　■現地案内図

　　■手数料計算書　　□その他（　　　　　　　　　）

※　該当箇所があれば□を■に塗りつぶす

1　対象土地及び対象土地に係る所有権登記名義人等の表示

甲地

不動産番号　　　○○○○○○○○○○○○○

所　　在　　○○市○○町○丁目

地　　番　　○番

地　　目　　宅地

地　　積　　○○.○○平方メートル

所有権登記名義人等　　○○市○○町○丁目○番○号

　　　　　　　　　　申請人　　甲　山　一　郎

価　　格　　金○○○○○円

乙地

不動産番号　　　○○○○○○○○○○○○○

所　　在　　○○市○○町○丁目

地　　番　　○番

地　　目　　宅地

地　　積　　○○.○○平方メートル

所有権登記名義人等　　○○市○○町○丁目○番○号

　　　　　　　　　　関係人　　乙　川　次　郎

　　　　　　　　　　　(000－0000－0000)

価　　格　　金○○○○○円

2　関係土地及び関係土地に係る所有権登記名義人等の表示

関係土地1

不動産番号　　（略）
所　　　在　　（略）
地　　　番　　（略）
地　　　目　　（略）
地　　　積　　（略）
所有権登記名義人等　　　（略）

関係土地2

所　　　在　　　○○市○○町○番地先（別紙図面中斜線で示した部分）
所有権登記名義人等　　　（略）

3　筆界特定を必要とする理由

⑴　申請人は、甲地の所有権の登記名義人であり、甲地を自宅の敷地として利用している。

　　乙川次郎（以下「乙川」という。）は、乙地の所有権の登記名義人であり、乙地を資材置き場として使っている。

⑵　乙地は、甲地の東側隣接地であり（別紙図面参照）、甲地と乙地との間には、フェンスとして金網（以下「本件金網」という。）が設置されている。

⑶　令和○年○月頃、申請人は、甲地の一部を分筆して売却することにした。そのため、土地家屋調査士の丙山（以下「丙山調査士」という。）に筆界の確認や測量を含む分筆手続一切を依頼した。

⑷　丙山調査士は、甲地と乙地との筆界（以下「本件筆界」という。）について、乙川に立会い確認を依頼し、令和○年○月○日、申請人及び乙川の立会いのもと、筆界の確認が行われた。

　　申請人と丙山調査士は、本件金網のある位置（別紙図面のア点とイ点を結んだ直線上にある）が筆界であることの確認を求めた。ところが、乙川は、本件金網から西側約50センチメートルの位置に本件金網と平行して存在するコンクリート基礎（別紙図面のウ

点とエ点を結んだ直線上にある）が筆界の位置を定めたものであるとして、筆界確認書への押印を拒んだ。

(5) 申請人と丙山調査士は、何度か乙川のもとを訪れ、筆界について話し合ったが、本件筆界の位置に関する認識の一致は得られなかった。

以上から、甲地の分筆ができず、土地の売却はできないことになるため、本件筆界について、筆界特定の申請に及んだ次第である。

(6) なお、本件筆界以外の甲地の筆界については、各隣接地の所有者との間において筆界が確認されている。

4　対象土地及び関係土地の状況
別紙図面の通り

5　申請人が筆界として主張する線及びその根拠
(1) 申請人は、本件筆界は、甲地と乙地との間に設置された金網の位置（別紙図面のア点とイ点を結んだ直線）にあると主張する。その理由は、以下のとおりである。 (2) （以下略）

6　関係人の主張
乙川は、金網の西側50センチメートルの位置に存在するコンクリート基礎（別紙図面のウ点とエ点を結んだ直線）が本件筆界の位置を示すものであると主張している。

7　筆界確定訴訟の有無
■　無 □　係属中（　　　　　　裁判所　事件番号　令和　年（　）　　　号 　　　　　　当事者の表示　原告　　　　被告　　　　　　　　　）

8　申請情報と併せて提供する意見又は資料
資料等説明書記載のとおり。

手数料印紙はり付け欄（収入印紙をはってください。）
手数料額　○○○○ 円
申請手数料仮納付額
金　　円也（手数料額の通知があり次第，不足額を追加納付する。）

　　　　　　　　○○○○○　法　村　律　子　[職　印]

（代理権限証書、固定資産評価証明書、現地案内図、手数料計算書、
別紙図面、資料説明書はいずれも省略。）

筆界特定の手続を代理してもらうときには誰に依頼すればよいのでしょうか。報酬はどの程度かかるのでしょうか。

 ①土地家屋調査士、②弁護士、③簡裁訴訟代理等関係業務の認定を受けた司法書士が、筆界特定手続の代理業務をすることができます。

　筆界特定の手続は、土地に関する資料の確認や現地調査・測量など、専門的な知識と一般の法律に関する素養が必要です。そのため、筆界特定の申請代理業務ができる代理人の資格を土地家屋調査士、弁護士、司法書士に限定しています。これらの資格者である代理人は、筆界特定の申請の代理だけでなく、申請人・関係人を問わず、意見書や資料の提出の代理や、意見聴取の期日における出頭の代理なども行うことができます。

　申請代理業務の資格者の中で、司法書士が申請代理業務を行うときは一定の制限があります。具体的には、簡裁訴訟代理等関係業務の認定を受けている司法書士（認定司法書士といいます）であり、対象となる土地（二筆の土地が対象であれば両方）の固定資産評価額の合計額を2で割った金額の5％が140万円以下である場合に限られています。これに対し、土地家屋調査士や弁護士には、このような制限がありません。

　申請代理業務を代理人に依頼した場合は、申請手数料や手続費用とは別に、代理人への報酬が必要となります。代理人に支払う報酬額については、土地の広さや想定される業務量などによってさまざまであり、一概にはいえませんが、一般的に10万円～20万円程度は必要です。

6 境界確定訴訟

境界確定訴訟とは

　境界確定訴訟（筆界確定訴訟）とは、隣接する土地の境界に争いがある場合、裁判所に訴えを提起して、争いのある境界を判決によって最終的に確定することを求める訴訟です。ここでいう「境界」とは、私法上の境界である所有権界ではなく、公法上の境界である筆界のことを指します。

　境界確定訴訟では、争いのある筆界を、土地の占有状況、公図などの図面、境界標、公簿面積（登記簿に記載された面積）と実測面積との比較など、さまざまな資料を参考にして、裁判所が判決によって筆界を最終的に確定することになります。

通常の民事訴訟との違い

　通常の民事訴訟は、借金に関する争いなど、私人間の権利義務に関する紛争を解決するための手続です。筆界は、固定資産税などの課税の基準や、市町村などの行政区画の基準になるため、私人の合意のみで確定することができません。したがって、本来であれば、私人間の訴訟の対象にならないはずです。

　しかし、筆界に関する争いを解決するための訴訟については、法律上の規定が存在しないものの、境界確定訴訟によって行われています。判例によると、本来的には私人間の訴訟の対象にならない紛争を、形式的に訴訟として扱っているにすぎないと考えています。そのため、境界確定訴訟は、通常の民事訴訟と異なる点が多く存在します。

　通常の民事訴訟では、当事者である原告や被告が主体的に主張の陳述や証拠の提出を行い、それらに基づいて、裁判所が中立的な立場で

● 境界の種類 ···

	筆界（公法上の境界）	所有権界（私法上の境界）
特徴	・固定資産税などの課税や行政区画の基準となる ・国の関与によって定めるものであり、私人間の合意のみで定めることはできない	・所有権が及ぶ範囲のことである ・私人間の合意で設定や変更が可能
確定方法	・境界確定訴訟の判決（筆界特定制度は最終的に確定させる効力がない）	・当事者間の合意（契約） ・所有権確認訴訟の判決

判断を行うことが前提です（当事者主義）。また、訴訟の開始・終了や、裁判所が審理を行う対象の特定については、当事者に権限と責任があり（処分権主義）、主張の陳述や証拠の提出についても、当事者の権限と責任において行われるのが原則です（弁論主義）。

　これらの考え方は、私人が財産権を自由に処分できるとする私的自治の原則を訴訟手続にも反映したものです。たとえば、処分権主義によれば、訴えを提起する原告はどのような請求をするかを明示する必要がありますし、裁判所は、原告が明示した請求以外の事柄を審理することができません。さらに、弁論主義によれば、原告や被告が主張していない事実を裁判所が認定することはできないのが原則となります。

　これに対し、筆界には公共性があるのに、境界確定訴訟について当事者の主張のみを審判の前提とすると、適切かつ妥当な筆界を確定することができないおそれがあります。そこで、境界確定訴訟では、形式的には私人間の訴訟ではあるものの、処分権主義や弁論主義が制限されています。

　具体的には、訴えの提起の際に、原告が特定の境界を主張していなくても、訴えが不適法として却下されるわけではありません。裁判所は、判決において、原告や被告が主張していない境界を認定すること

ができます。また、通常の民事訴訟では、控訴審において、第一審判決よりも控訴人に不利になるような判決はできません（不利益変更禁止の原則）。しかし、境界確定訴訟では、控訴審において、控訴人にとってより不利になるような境界を認定することができます。

　さらに、通常の民事訴訟では、原告が自らの請求に理由のないことを認めて訴訟を終わらせること（請求の放棄）、被告が原告の主張を認めて訴訟を終わらせること（請求の認諾）、原告と被告がお互いに譲り合って訴訟を終わらせること（訴訟上の和解）が認められます。しかし、境界確定訴訟では、請求の放棄、請求の認諾、訴訟上の和解によって訴訟を終わらせることができません。

　そして、通常の民事訴訟では、裁判所は当事者間で争いのない事実（一方が主張した事実を他方が認めた場合）に拘束され、争いのない事実を判決の基礎としなければなりません。しかし、境界確定訴訟では、部分的に当事者間で争いのない境界があっても、裁判所は、これと異なる境界を認定することができます。

■ どのように提起するのか

　通常の民事訴訟とは異なる点が多くても、境界確定訴訟も民事訴訟の一種ですので、裁判所に訴状を提出して、訴えを提起することになります。しかし、境界確定訴訟において、裁判所は当事者の主張に拘束されません。この裏返しとして、原告が訴状において特定の境界を主張しないことも認められています。ただし、実務上は、訴状の請求の趣旨として、原告が主張する特定の境界を記載するのが通常です。

　そして、境界確定訴訟の原告や被告となるためには、争いがある境界に隣接している土地の所有者であることが必要です。

■ 立証（証拠調べ）

　通常の民事訴訟と同じように、原告や被告が自らの主張を根拠づけ

● 境界確定訴訟と通常の民事訴訟との違い ……………………

相違点	通常の民事訴訟	境界確定訴訟
当事者の主張を前提としない判決	×	○ 当事者が主張していない境界を認定することも可能
控訴審での不利益変更	×	○
請求の放棄	○	×
請求の認諾	○	×
訴訟上の和解	○	×
当事者間で争いのない事実に反する事実認定	×	○

○：できる　　×：できない

るために証拠の申出をし、裁判所が採用した証拠について証拠調べが実施されます。具体的には、人証（証人尋問、当事者尋問、鑑定）、物証（書証、検証）といった証拠調べが行われます。

判決の効力

　境界確定訴訟の判決では、争われていた境界（筆界）を定めるという効力を生じさせます。そして、判決が確定すると、その効力は原告や被告だけでなく、広く第三者にも及びます。

どのような費用が発生するのか

　民事訴訟では、訴え提起の手数料だけでなく、さまざまな費用がかかります。たとえば、弁護士に訴訟代理を依頼すれば、弁護士費用がかかりますし、鑑定を実施すれば、鑑定費用を負担することになります。その他にも、訴訟の準備段階において測量を実施すれば、その費用もかかります。

訴　状

令和○年○月○日

○○地方裁判所民事部　御中

原告訴訟代理人弁護士

○○　○○　㊞

〒○○○－○○○○　　　○○県○○市○○町○丁目○番○号

（原告）　　　　　　○○　○○

〒○○○－○○○○　　　○○県○○市○○町○丁目○番○号

○○○○法律事務所　（送達場所）

原告訴訟代理人弁護士　○○　○○

ＴＥＬ　○○○－○○○－○○○○

ＦＡＸ　○○○－○○○－○○○○

〒○○○－○○○○　　　○○県○○市○○町○丁目○番○号

（被告）　　　　　　○○　○○

土地境界確定請求事件

訴訟物の価額　　　金○○○○円

貼用印紙額　　　　金○○○円

第1　請求の趣旨

1　別紙物件目録記載の土地①と土地②の境界は、別紙図面記載
　のX点とY点を結ぶ直線であることを確定する。

2　訴訟費用は被告の負担とする。

第2 請求の原因

1 原告は、別紙物件目録記載の土地①を所有し（甲第○号証）、被告は同目録記載の土地②を所有している（甲第○号証）。

2 土地①と土地②は隣接している（甲第○号証）。

3 原告は、土地①と土地②の境界を、別紙図面記載のＸ点とＹ点を結んだ直線であると主張して（甲第○号証）、土地①を令和○年○月○日より占有使用している。

4 これに対して、被告は、土地①と土地②の境界を、別紙図面上のＺ点とＷ点を結んだ直線であると主張し、Ｚ、Ｘ、Ｙ、Ｗ各点を結んだ直線で囲まれる土地部分を自己所有に属すると主張している。

5 したがって、原告は、本件境界確定を請求して、本訴に及んだ次第である。

証拠方法

1 甲第1号証 （○○○○○○）

2 甲第2号証 （○○○○○○）

⋮   ⋮   ⋮

添付書類

1 甲号証の写し   各1通

2 訴訟委任状   1通

3 不動産全部事項証明書   ○通

⋮   ⋮   ⋮

（別紙）

物件目録

土地①　所在　〇〇県〇〇市〇〇町〇丁目
　　　　地番　〇番1
　　　　地目　宅地
　　　　地積　〇〇.〇〇

土地②　所在　〇〇県〇〇市〇〇町〇丁目
　　　　地番　〇番2
　　　　地目　宅地
　　　　地積　〇〇.〇〇

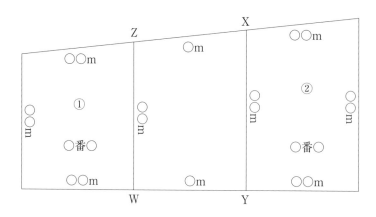

Q 借地人や借家人は境界確定訴訟の当事者になることができるのでしょうか。

A 借地人や借家人は境界確定訴訟の原告や被告になることはできません。

　個々の訴訟において、当事者として有効に紛争の解決をもたらすことのできる地位のことを当事者適格といいます。当事者適格のない者が原告として提起した訴えや、当事者適格のない者を被告として提起した訴えは、不適法として却下されます。そして、境界確定訴訟では、相隣接する土地の所有者に当事者適格が認められます。土地の境界については、土地の所有者が最も密接な利害関係を有しているからです。したがって、借地人や借家人は、土地の所有者ではないため、境界確定訴訟の原告や被告になることができません。

　もっとも、借地人は、地主との間や、同じ地主から土地を賃借する別の借地人との間で、借地権が及ぶ土地の範囲について争いになる場合があります。その場合は、筆界（公法上の境界）の確定ではなく、借地権設定契約（おもに賃貸借契約）に基づいて借地権が及ぶ土地の範囲の確定が問題になっています。そこで、境界確認訴訟ではなく借地権確認訴訟を提起すべきことになります。

　また、借地人が賃借している土地が争いになっている筆界に接している場合は、借地人にも影響があります。借家人が賃借している建物の敷地が争いになっている筆界に接している場合は、借家人にも影響があります。この場合でも、借地人や借家人は、境界確定訴訟の原告や被告になることができません。ただし、地主が当事者となる境界確定訴訟において、補助参加人という形や証人として、訴訟手続への関与が認められる可能性はあります。

Q 隣地所有者から土地の一部を時効取得したと訴えを起こされました。以前の境界確定の訴えには時効の更新の効力は認められますか。

 A 境界確定の訴えは筆界を確定させるための訴訟手続ですが、判決が確定すると時効の更新の効力が認められます。

　時効の更新とは、確定判決によって権利が確定するなどの一定の事由があったときに、それまで進行していた時効期間の経過が無意味なものとなり、ゼロから時効期間が進行する制度です。

　境界確定の訴えは、筆界（公法上の境界）を確定するものであって、所有権界（私法上の境界）を確定するものではないため、筆界が確定されたからといって、土地の所有権の範囲が確定されることにはなりません。取得時効を主張して土地の所有権の確認を求めるためには、所有権確認訴訟による必要があります。

　そこで、境界確定訴訟の判決が確定した場合、境界付近の土地の取得時効について、時効の更新の効力は認められるのかが問題となります。

　境界確定訴訟の当事者適格は、相隣接する土地の所有者のみに認められ、境界を確定する際には、係争地の占有状況や境界標の存在や位置などが判断資料となります。もっとも、境界確定訴訟は、相隣接する土地の所有権に関する紛争と無関係だとはいえません。そのため、判例によって、境界確定訴訟の提起について、土地の取得時効の完成猶予（一定の時点まで時効が完成しないようにすること）の効力が認められています。その後、判決の確定によって、時効の更新の効力が認められると考えられます。

隣地所有者が境界確定の訴訟を提起し筆界が確定しましたが、同じ土地について所有権の範囲を決める訴えを提起することはできるでしょうか。

 同じ土地についての争いであっても所有権確認訴訟を提起することは可能です。

　裁判所が行う判決は、主文と理由によって構成されます。主文とは、判決の結論部分であり、理由とは、その結論に至った根拠です。判決が確定すると、それ以降は判決の主文に示された内容について、後の裁判でこれを争うことができなくなります（既判力）。したがって、境界確定訴訟の判決確定後は、後の裁判で判決の主文で示された筆界（公法上の境界）を争うことができません。

　しかし、既判力は同一の審理対象について、判決の主文で示された内容に対して生じるものです。境界確定訴訟の審理対象は筆界であるのに対し、所有権確認訴訟の審理対象は所有権界（私法上の境界）です。同じ土地の争いであっても、所有権確認訴訟と境界確定訴訟は、審理対象が異なります。

　したがって、境界確定訴訟の確定判決の既判力は、所有権確認訴訟の審判対象である所有権界に関する紛争には及びませんので、境界確定訴訟の判決確定後に、所有権確認訴訟を提起することができます。同様に、所有権確認訴訟の確定判決の既判力は、境界確定訴訟の審判対象である筆界に関する紛争には及びませんので、所有権確認訴訟の判決確定後に境界確認訴訟を提起することもできます。

Q 隣接する土地が複数人の共有となっています。誰を相手に境界確定訴訟を提起すればよいでしょうか。

 共有者の一人のみを相手に境界確認訴訟を提起することはできず、共有者全員を相手として境界確認訴訟を提起する必要があります。

　多数の当事者との間において統一的に紛争を解決すべき場合は、それらの当事者全員に訴訟に参加する機会を与えなければなりません。共有地との間の筆界（公法上の境界）に争いがある場合、その紛争の解決の結果は、共有地の共有者全員の利害に関わるものといえます。そこで、隣接する共有地との間の筆界の確定を求めて、境界確認訴訟を提起する場合は、共有者全員を被告としなければなりません。共有者全員を被告としなければ、訴えが却下されます。このように、共同訴訟が強制される訴訟類型のことを固有必要的共同訴訟といいます。

　また、共有地の共有者の一人が、隣接する土地との間の筆界の確定を求めて境界確認訴訟を提起する場合も、共有者全員が原告となる必要があります。しかし、共有者の一部の者が訴えの提起を嫌がると、他の共有者にとって不都合な事態となります。そこで、境界確定の訴えを提起する場合、隣接する土地の所有者とともに同調しない共有者も被告として、訴えを提起することが認められています。

　さらに、共有地との間の所有権界（私法上の境界）に争いがある場合も、共有地の共有者全員の利害に関わるものといえます。そのため、所有権確認訴訟も、境界確認訴訟と同様に、共有地の共有者全員を原告または被告としなければ、訴えは却下されることになります。

Q A・B・Cが所有する土地が一点で接しています。AB間の筆界に争いがある場合、Aは、Bだけでなくcも被告にして訴える必要がありますか。

A Aは、Bのみを被告として境界確認訴訟を提起することができますが、Cにも訴訟に参加してもらうのが望ましいでしょう。

　境界確定の訴えでは、相隣接する土地の所有者が原告や被告となります。図のように三者の土地が一点で接しており、AB間で争いがあるケースでは、境界確認訴訟によって確定するのは争いのあるAB間の筆界（公法上の境界）であり、影響を及ぼす可能性のあるすべての関係地の所有者を当事者にすべきと考えると、当事者の範囲が際限なく広がる可能性があるため、Aは、Bのみを被告として境界確定訴訟を提起できると考えられています。

　しかし、図のア点の位置によっては、Cとの筆界にも影響が出て、新たな紛争となる可能性があります。そのため、Cに補助参加人として訴訟に参加してもらうために訴訟告知を行うか、初めからCも被告としておいて三者間で同時に筆界を確定することが望ましいでしょう。

三者の土地が一点で接するケース

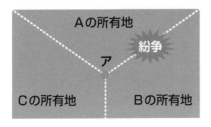

AとBとの間で境界に争いあり

↓

A・B・Cの土地はア点で接している

↓

どのように訴えを提起すればよいか

7 境界確定の判断

裁判所はどんな基準で判断しているのか

　境界確定訴訟とは、相隣接する土地の筆界について争いのある場合に、訴訟手続により筆界を確定するための訴訟です。境界確定訴訟の手続や判決の効力などは、法律に明確な根拠があるわけではありません。判例によると、筆界は私人が自由に決めることはできないので、本来的には私人間の訴訟の対象にならない紛争を、形式的に民事訴訟として扱っているにすぎないと考えています。そのため、通常の民事訴訟とは異なり、裁判所は、当事者の主張に拘束されずに筆界を定めることができます。

　また、裁判所としては、係争地域の占有状況、相隣接する土地の公簿面積と実測面積との関係、14条地図や公図などの図面、境界標などの証拠に基づいて、原告や被告の主張に拘束されることなく、合理的な筆界を定めることになります。裁判所は、境界確定訴訟における原告の請求を棄却することはできず、必ず一定の筆界を定めることになります。

裁判所が判断するための資料

　境界確認訴訟において、裁判所が筆界を定めるための判断資料の具体例として、以下のものが挙げられます。

① 係争地の占有状況

　所有者による土地の占有は、土地の境界を限度としてなされることが多いと考えられることから、係争地に関する実際の占有状況は、筆界を定める際の判断資料となります。占有状況を立証する方法として、近隣に古くから住む者の証人尋問、係争地の所有者の当事者尋問、裁

● 境界確定のためのおもな判断資料 ……………………………

境界確定訴訟では、可能な限り下記のような判断資料を収集し、境界を定める

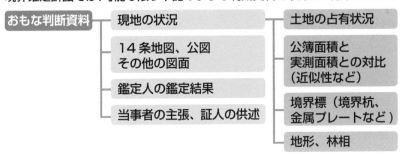

判官による現地の検証（裁判官が視覚、聴覚などの五官の作用によって物の形状や状況を検査する証拠調べのこと）などがあります。

② **係争地の公簿面積と実測面積との関係性**

公簿面積と実測面積が合致すれば、現在の境界は正しい可能性が高いことになります。両者が合致することを立証する方法として、登記簿謄本（登記事項証明書）、地積測量図（土地の測量図）といった地積（土地の面積）が記されている公的書類があります。その他、実際の測量を伴う鑑定（裁判官の判断能力を補うため、専門家に専門的知識や意見を報告させる証拠調べ）なども考えられます。

③ **14条地図**

14条地図は、測量法に基づく厳密な精度をもった測量によって作成されるもので、かつ、現地復元性（地図の記載から現地での境界を復元できること）が認められることから、境界を判断する際の有力な資料となります。

④ **境界標**

コンクリート杭、金属プレートなど人工的な標識の他、古くからある石や巨木なども境界標となります。境界標の存在またはその位置は有力な判断資料となりますが、境界標の種類によっては移動のおそれもありますので、移動の有無の点検は必要です。

8 塀の設置

囲障設置権とは

　囲障設置権とは、隣家の所有者と共同の費用で、境界上に囲障を設置することができる権利です。囲障とは、壁・塀・柵などのことです。たとえば、住宅の場合、基本的には壁があって内部は見えませんが、住宅には窓などがあり、窓などから隣地の住宅の内部を覗き見ることができます。庭で行っていることを他人に見られたくないと考える人もいるでしょう。住宅の内部やその庭で行うことはプライバシーに関わり、隣家同士のプライバシーが保護されてはじめて、安心して生活を送ることができます。さらに、建物の安全性を確保するためには、建物同士が壁や柵などにより仕切られていた方がよいといえます。このような理由から、民法には囲障設置権が規定されています。

　囲障設置権は、所有者の異なる2棟の建物があって、各建物の間に空き地がある場合に、各建物の所有者に認められます。囲障設置権が認められる建物の所有者は、土地の所有者である必要はありません。その一方で、土地の所有者であっても、建物の所有者でない場合は、囲障設置権が認められません。

　境界線上に囲障を設置する費用は、原則として、相隣者（相隣接する建物の所有者）が等しい割合で負担します。設置された囲障の所有権も、原則として、等しい割合で共有することになります。ただし、囲障の設置費用の負担割合や囲障の共有割合については、当事者が異なる合意をすることもできます。

　囲障を設置する際には、まず隣家の所有者と協議をします。囲障を設置するか、どのような囲障とするか、費用の負担割合、共有割合などについて協議し、合意の上で囲障を設置します。合意が成立しない

● 囲障設置権とは ···

囲障設置権 隣家の所有者と共同の費用負担で、境界上に囲障を設置することができる権利

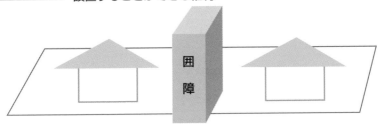

※協議が調わない場合でも、共同の費用負担で、板塀や竹垣などに類する材料で、高さ2mの囲障を設置することができる

【囲障を設置する費用】 （原則）相隣者が等しい割合で負担する
【囲障の所有権】 （原則）相隣者の共有になる

場合、囲障の設置を望む者は、裁判所に訴訟を提起します。裁判所は、囲障の設置場所、材質、高さ、費用の負担割合、共有割合などについて判断します。

■ 協議が調わない場合の費用負担はどうなるのか

　囲障の設置は隣家の所有者との合意で行うのが原則です。しかし、隣家の所有者との協議が調わなければ、訴訟を提起することになります。ただし、協議が調わなくても、板塀や竹垣などに類する材料で、高さ2mの囲障を境界線上に設置するのであれば、隣家の所有者に設置費用の半分を負担させることができます。

　他方、上記と異なる材質や高さの囲障を設置し、そのことで設置費用が増加した場合は、隣家の所有者に費用の半分を負担させるとすると、隣家の所有者が予想外の費用負担を強いられかねません。そこで、上記と異なる材質や高さの囲障を設置し、そのことで設置費用が増加した場合、費用の増加分は設置者のみが負担し、隣家の所有者に負担させることはできません。

Q 境界に塀を設置したいのですが、塀の高さについて意見が合わなかった場合にはどうすればよいのでしょうか。

A 訴訟を提起する必要があります。板塀などの材料で高さ2mの境界線上に設置する塀であれば、協議が調わなくても設置費用の半分を隣人に負担させることができます。

　民法は、①2棟の建物がその所有者を異にし、②その2棟の建物の間に空地があることを要件として、共同の費用負担で囲障（塀・壁・柵など）を設置する権利（囲障設置権）を認めています。しかし、隣人（隣家の所有者）に無断で囲障を設置する権利を認めているわけではありません。境界上の囲障は隣人との合意により設置するのが原則ですが、協議が調わない場合は、裁判所に訴えを提起することになります。また、板塀や竹垣などに類する材料であって、高さ2mの囲障であれば、その設置費用の半分を隣人に負担させることができます。上記と異なる材質や高さの囲障を設置し、そのことで設置費用が増加した場合、費用の増加分は設置者のみが負担し、隣人に負担させることはできません。

　なお、上記は囲障が境界線上に設置される場合の話です。自らの敷地内だけで収まる囲障を設置する場合にはあてはまりません。自らの所有する敷地内に囲障を設置する場合は、その敷地の所有者であれば、原則として自由に行うことができます。ただし、隣地の日照や通風を妨げる囲障を設置すると、権利濫用や不法行為の問題が生じる可能性がありますので注意が必要です。また、自らの敷地内だけで収まる囲障を設置した場合、隣人との間で合意がない限り、設置費用はすべて自己負担となります。

Q 隣地との間が崖になっていて危険なのですが、この場合に擁壁工事をするよう請求できますか。また、費用負担はどうなるのでしょうか。

A 崖地の所有者が隣地所有者であれば、隣地所有者の全額負担により擁壁工事を請求できる場合があります。

　隣接する崖地が崩れると、土砂が低地側に流れ込むことになります。その流れてきた土砂により、建物などが損壊するかもしれません。そのため、低地の所有者や低地に所在する建物の所有者は、崖地が崩れることで建物の損壊などの損害を被るおそれがあるときは、所有権に基づく妨害予防請求権を行使して、崖地が崩れることを防止する擁壁（崖や盛り土の側面が崩れ落ちるのを防ぐために築くコンクリートなどの壁）の設置などの措置を崖地の所有者に請求することができます。崖地が崩れるのを防止する義務は、その崖地の所有者が負いますから、擁壁工事の費用は、崖地を所有する隣地（高地側）の所有者の全額負担となるのが原則です。

　ただし、常に崖地所有者の全額負担で擁壁工事をしてもらえるとは限りません。裁判で現実に崖地が崩れる危険があることを立証できなければ、妨害予防請求は認められません。また、擁壁工事により崖地の崩壊が予防される利益や必要性は、高地と低地の所有者双方に存在するとの考え方もあります。そのため、囲障や境界標の設置費用を相隣者が等しい割合で負担することを定めた民法の相隣関係の規定を類推適用して、擁壁工事の費用を高地と低地の所有者で分担するとした裁判例もあります。以上から、崖地所有者の全額負担で擁壁工事を行うよう請求することは可能ですが、それが常に認められるとは限らないことに注意が必要です。

境界紛争に関する ADR

ADR とは、裁判外紛争解決手続のことで、民事上の紛争について、実施機関が紛争の当事者双方から依頼を受けて行う紛争解決の手続です。境界紛争に関する ADR は、全国の土地家屋調査士会が設置し、法務大臣の認証を受けた境界問題相談センターが実施しています。境界問題相談センターの手続は調停によって行い、土地家屋調査士と弁護士が、調停員として当事者の話し合いを手助けし、和解できる妥協点を探ります。

境界問題相談センターの調停は、隣人と境界について争いがある場合、土地を売却するために境界確認書を作成したいのに隣人が協力してくれない場合、隣人が越境建築を始めた場合など、境界紛争に関するさまざまな事案が対象となります。

訴訟ではなく ADR を利用するメリットとして、①専門的な知見を利用して解決を図ることができる、②訴訟に比べて費用を抑えることができる場合がある、③訴訟に比べて迅速に解決することができる、④手続は原則として非公開で進められる、⑤当事者の合意がなければ調停は成立しないので不本意な結果を避けることができる、などが挙げられます。他方、デメリットとしては、①相手方との合意に至らず調停が不調に終わる可能性がある、② ADR の実施機関の専門外の事項が争点に含まれる場合は解決が難しくなる、などが挙げられます。

なお、ADR での和解は、和解契約を結んだという効力しかありません。そのため、所有権界を確定させる効力はありますが、境界確定訴訟のように筆界を確定させる効力はありません。所有権界と筆界を一致させるためには、和解契約に基づいて分筆・合筆の登記を申請することになります。

第6章

近隣・住環境を
めぐる法律問題

1 日照権

日照権とは

　日照権は、一定時間以上の日照（日当たり）を確保する権利です。高層の建築物が少なかった時代は、日照権について意識することがあまりなかったといえるでしょう。しかし、高層の建物が増えていくに伴って、とくに付近住民の日照が妨害されるケースが多くなりました。たとえば、自宅である一軒家の近所に高層マンションが建つことで、1日の多くの時間が日陰になってしまうケースが考えられます。日当たりを確保することは、人が社会生活（仕事や家事などの活動）を営む上で、非常に重要なことです。日照を確保できなくなると、社会生活に大きな影響を与えます。そこで、日照権という権利が主張されるようになりました。

　日照権に関しては、居住する地域や建築物の建築の先後などによって、具体的に保護されるべき日照の程度が変わってきます。一般的には、日照権の侵害に基づく建築の差止請求や損害賠償請求を認めるかどうかは、日照妨害が社会生活上の受忍限度を超えているかどうかという観点から判断されます。ただ、建築の差止請求や損害賠償請求が認められるためのハードルは高く、どちらかといえば、損害賠償請求の方が認められやすい傾向があります。

どんな法律上の規制があるのか

　日照に関する建築基準法の規制には、①用途地域などに応じた建蔽率（建ぺい率）や容積率の規制、②日影規制、③斜線制限（北側斜線制限、隣地斜線制限、道路斜線制限）などがあります。

　建蔽率は、敷地面積に対する建築面積の割合です。たとえば、建

● 日照権の侵害

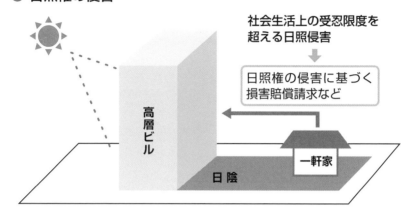

社会生活上の受忍限度を超える日照侵害

日照権の侵害に基づく損害賠償請求など

高層ビル

日陰

一軒家

蔽率を60％以下とする用途地域で、100㎡の敷地に建築物を建てる場合、建築面積は60㎡以下にしなければなりません。容積率は、敷地面積に対する建物の延べ面積の割合です。たとえば、容積率を100％以下とする用途地域で、100㎡の敷地に2階建ての建築物を建てる場合、1階の床面積を60㎡、2階の床面積を40㎡とするなど、延べ面積を100㎡以下にしなければなりません。これらの規制により、隣接地の日照を確保することができます。

　日影規制は、隣地などに落ちる日影（日陰）の時間を制限する規定です。日照時間が短い冬至の日の日影が基準となります。中高層の建築物を建てるときは、隣地境界線から一定距離の部分に、一定時間を超える日影をつくらないように建築しなければなりません。日影規制の対象建築物は用途地域などに応じて異なります。

　このように、建築基準法などの建築基準関係規定において、日照権を確保するための規定が存在します。しかし、建築基準関係規定の規制をクリアしても、個別の事情によっては、日照権の侵害による損害賠償請求などが認められる場合もあります。日照に関するトラブルを避けるためには、法令遵守は当然の前提として、周辺の環境にも十分に配慮することが重要です。

2 日影規制

日影規制とは

　日照権に関わる規制として、建築基準法に規定されている日影規制があります。日影規制とは、中高層の建築物が隣地などに日影（日陰）をつくる時間を制限することで、近隣の日照が一定程度を超えて悪化しないように規制するものです。

日影規制と用途地域

　都市計画法に基づいて計画的な街づくりを進める区域として指定されている都市計画区域の中で、すでに市街地が形成されている区域や、優先的に市街化を図るものとされている区域を市街化区域といいます。市街化区域において、住宅、商業施設、工場などが混在すると、日照侵害、騒音、公害などで住居の環境が悪化するため、13種類の用途地域に分けて、地域ごとに建築物の用途を制限しています（⇨ P.34）。

　日影規制の対象となる用途地域は、第一種・第二種低層住居専用地域、田園住居地域、第一種・第二種中高層住居専用地域、住居地域、準住居地域、近隣商業地域、準工業地域です。その他、用途地域の指定のない区域のうち、地方公共団体が条例で指定した区域も日影規制の対象となります。

　日影規制の内容は、用途地域などによって異なり、第一種・第二種低層住居専用地域と田園住居地域における規制が最も厳しくなります。また、対象区域外の建築物であっても、高さが10mを超え、対象区域内に日影を及ぼす場合は、日影規制の対象となります。

● 日影規制の内容 ··

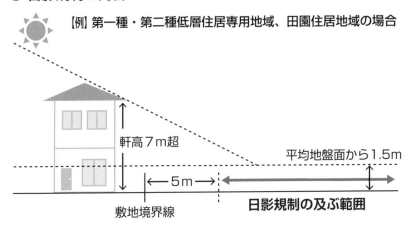

【例】第一種・第二種低層住居専用地域、田園住居地域の場合

軒高7m超

平均地盤面から1.5m

←5m→

敷地境界線

日影規制の及ぶ範囲

■ 日影規制の内容

　日影規制の内容は、用途地域などによって異なりますが、ここでは、第一種・第二種低層住居専用地域と田園住居地域の場合を例として説明します。

　第一種・第二種低層住居専用地域と田園住居地域において、日影規制の対象となるのは、軒の高さが7mを超える建築物、もしくは3階建以上（地下を除く階数が3以上）の建築物です。日影となる時間を測定するのは、隣地のうち敷地の境界線から5mを超える部分の土地についてのみです。敷地の境界線に近い場所の日照まで確保しようとすると、建築物を建てることがほとんど不可能になるからです。また、日影の時間を測定するのは、隣地の地面ではなく、平均地盤面（建築物の周囲に接する地面の平均の高さにおける水平面）から1.5mの高さの水平面です。人が生活する上での日照の確保としては、一定の高さの水平面における日照りで十分であると考えられるからです。

　以上の測定範囲において、冬至の日に日影となる時間を一定時間未満に収める必要があります。冬至の日が基準になるのは、1年で最も日影となる時間が長くなるためです。

複合日影とは

　複合日影とは、複数の建築物によって生じる日影です。建築基準法では、同一の敷地内に複数の建築物が建っている場合で、その建築物のいずれか1つでも日影規制の対象となる建築物があるときは、本来規制の対象とならない建築物も含めて、同一の敷地内のすべての建築物が規制対象となることを規定しています。

　しかし、複数の建築物が別の敷地に建っている場合は、それぞれの建築物ごとに日影規制違反の有無が問題となるだけです。そのため、別の敷地に建っている建築物は日影規制に違反していないが、全体によって日影となる時間が長くなる場合があります。

　この場合は、日影規制に違反していない以上、国や地方公共団体としては、建築を止める法的権限がないため、強制力のない行政指導によって近隣の日照への配慮を求める他ありません。近隣住民の法的手段としては、社会生活上の受忍限度を超える日照侵害であるとして、日照権の侵害を理由とする建築の差止請求や損害賠償請求の訴訟を提起することになります。

日影規制の緩和

　敷地の条件に応じて、日影規制の内容が緩和される場合があります。具体的には以下のとおりです。

① **敷地が隣地より1m以上低い場合**

　敷地の平均地盤面が隣地の地盤面より1m以上低い場合には、その高低差から1mを差し引いた数値の2分の1の高さを敷地の平均地盤面とみなして、敷地の建築物に日影規制を適用します。

② **敷地が道路等に接している場合**

　敷地が道路、水面、線路敷などに接している場合は、道路などの中心線に敷地境界線があるとみなして、敷地の建築物に日影規制を適用します。ただし、道路などの幅員が10mを超える場合は、5mだけ

● 斜線制限のイメージ ・・・

延長された地点に敷地境界線があるとみなします。

日影規制以外の日照に関する規制

　日照に関する規制としては、日影規制の他にも斜線制限があります。斜線制限とは、隣地や道路の日照や通風を確保するため、一定の斜線の範囲内に建築物が収まるよう高さを制限する制度です。建築基準法が定める斜線制限として、道路斜線制限（⇨P.58）、隣地斜線制限（⇨P.60）、北側斜線制限（⇨P.62）があります。また、建蔽率や容積率に関する規制も日照に関連する規制だといえます。

建築基準関係規定と日照権の関係

　建築基準法などの建築基準関係規定による規制は、あくまで国や地方公共団体が建築を認めるかどうかの画一的な基準です。その一方で、建築による日照の悪化が社会生活上の受忍限度を超えるかどうかは、個別の事情に左右されます。したがって、建築基準法などに違反していないからといって、日照権の侵害がないとは限りません。建築物を建てる場合には、建築基準法などに違反しないことは当然の前提として、近隣の日照に十分に配慮しないと、思わぬ法的リスクを負う可能性があります。

3 建築協定

建築協定とは

建築協定とは、住宅地としての環境や商店街としての利便性を高度に維持・増進することなどを目的として、建築物の敷地、構造、意匠（デザイン）などに関して、対象地域内の土地所有者や借地権者（建築物の所有目的で土地を借りている者）の全員の合意に基づいて、一定の制限を設ける協定です。建築協定の締結ができる地域（対象地域）は、市町村が条例で定めた区域内に限定されます。

建築協定には、①協定の目的となっている土地の区域（建築協定区域）、②その区域内の建築物の敷地、構造、意匠などに関する基準、②協定の有効期間、③協定違反があった場合の措置を定める必要があります。建築協定は、建築基準法を上回る規制をもって、住宅地としての環境などの高度な維持・増進をめざすものです。そのため、建築基準法の規制を下回る内容の建築協定は認められません。

建築協定を締結するためには、対象地域内の土地所有者と借地権者の全員の合意が必要です。その上で、特定行政庁（⇨ P.14）の認可を得なければなりません。

建築協定の認可申請があると、申請のあった建築協定の内容が公告されます。その後、対象地域の市町村長は、関係人の出頭を求めて公開による意見の聴取を行わなければなりません。

特定行政庁は、住宅地としての環境や商店街としての利便性を高度に維持・増進することなどの目的に合致しており、建築協定の目的となっている土地や建築物の利用を不当に制限しないなど、建築基準法に規定する建築協定の条件を満たすかどうかを審査します。条件を満たすと判断した場合には、建築協定の認可を行い、認可したことを公

● 建築協定に関する手続の流れ

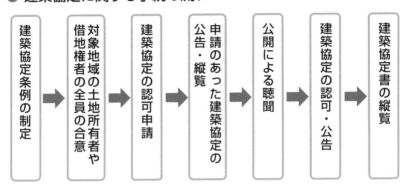

建築協定条例の制定 ➡ 対象地域の土地所有者や借地権者の全員の合意 ➡ 建築協定の認可申請 ➡ 申請のあった建築協定の公告・縦覧 ➡ 公開による聴聞 ➡ 建築協定の認可・公告 ➡ 建築協定書の縦覧

告しなければなりません。そして、認可の公告があった建築協定の効力は、その建築協定を締結した当事者だけでなく、公告後に対象地域の土地を購入し、もしくは借り受けた第三者にも及びます。

　建築協定の内容を変更する場合は、土地所有者と借地権者全員の合意に基づいて変更を定め、特定行政庁の認可を受ける必要があります。これに対し、建築協定を廃止する場合は、土地所有者と借地権者の過半数の合意に基づいて廃止を定め、特定行政庁の認可を受ける必要があります。

建築協定の遵守のための取組み

　建築協定はあくまでも対象地域内の住民が自らの判断で合意したものですので、その実効性を確保するための運営も、住民の手に委ねられています。具体的には、住民が「建築協定運営委員会」を設け、建築計画の審査、建築工事中や建築工事完了後のチェック、啓発活動などを行います。

　なお、私的な建築協定は、建築基準法に基づいた特定行政庁の認可を受けていません。したがって、協定を締結した当事者は、協定の内容に拘束されますが、後から土地を購入したり借り受けたりした者は、その者の合意がない限り、協定の内容に拘束されません。

4 隣地使用権

隣地使用権とは

　隣地使用権とは、土地の所有者が、隣地との境界もしくはその付近において、塀（障壁）や建物などの建築や修繕をするために必要な範囲内で、隣地の使用を請求することができる権利です。

　隣地は他人が所有する土地ですので、本来であれば、使用することができないはずです。しかし、隣地に立ち入らなければ、塀や建物の建築や修繕をすることができない場合があります。その場合にも隣地の使用を認めないとすると、土地を有効に使用することが難しくなります。

　そこで、民法は、建築や修繕に必要な範囲内で、隣人に対し、隣地の使用請求ができると規定しています。隣地使用権は、土地の所有者だけでなく、地上権者（建築物などの所有目的で土地を使用する権利を持つ者）も行使ができると考えられています。

隣地の使用の請求が認められる範囲

　隣地使用権について、民法は障壁または建物の建築や修繕のために行使する権利であると規定しています。しかし、塀や建物の建築や修繕だけでなく、隣地との境界付近に排水溝などを設置する場合も、隣地使用権を行使することができると考えられています。

　隣地使用権の行使は、塀や建物などの建築や修繕に必要な範囲内で認められることから、必要性があれば、隣地との境界付近にとどまらず、隣地の広い範囲の使用が認められる場合もあります。

　ただし、隣地使用権に基づいて隣地を使用したため、隣地に損害が生じたときは、これを賠償しなければなりません。また、住家（居住のために使用する建築物）への立ち入りは、所有者の承諾が必要であ

● 隣地使用権とは ·····································

> **隣地使用権**：必要な範囲内で隣地の使用を請求できる権利
>
> 【原則】隣人の承諾がなければ、隣地を使用できない

> **隣人の承諾が得られない場合**
>
> ★隣地使用権を行使する者は、隣人を被告として、裁判所に
> 承諾に代わる判決を求める訴訟を提起できる
> ⇒裁判所による隣地使用権を行使する者の主張を認める
> 判決が確定すると、隣地を使用できる

り、一方的に立ち入りを請求することはできません。住家への立ち入りについて隣人の承諾を必要としているのは、隣人のプライバシーを害さないためです。この点から、屋上や非常階段は住家にあたらないと判断した裁判例があります。

隣人が使用を承諾しない場合

　隣地使用権は、あくまで隣人に対して隣地の使用を請求することができる権利です。隣人が使用を承諾すればとくに問題は生じませんが、隣人が使用を承諾しなければ、勝手に隣地を使用することができません。それでも隣地を使用する必要がある場合には、隣人を被告として訴訟を提起し、裁判所から承諾に代わる判決を得る必要があります。その後、裁判所による承諾に代わる判決が確定することで、はじめて隣地を使用することができます。

　ただし、訴訟には費用と時間がかかる他、隣人の承諾を得るために努力を尽くしたことは、訴訟において隣地使用権を行使する者に有利な事情のひとつになりますので、できる限り隣人の承諾を得るよう努力した方がよいといえます。また、隣地を使用しなくても済むような工事の方法を検討することも重要です。

5 雨水や排水・配線・配管設備の法律問題

自然に水が流れてくる場合

　民法では、隣地から自然に流れてくる水（雨水、地下水など）を妨げてはならないと規定しています。水の流れを妨げると隣地に水があふれてしまうからです。したがって、土地の所有者は、隣地から自然に流れてくる水に対しては受忍義務（承水義務）があります。たとえば、水が流れてくるからといって、隣地の所有者に対し、妨害排除請求や損害賠償請求などはできません。

人工的な原因で水が流れてくる場合の対応策

　人工的な原因で水が流れてくる場合は、水が自然に流れてくる場合とは取扱いが異なります。民法では、他の土地に貯水、排水、引水のために設けられた工作物の破壊や閉塞により、自分の土地に損害が及び、もしくは及ぶおそれがある場合には、他の土地の所有者に対し、工作物の修繕や障害の除去をさせる他、必要があるときは予防工事をさせることができると規定しています。また、土地の所有者は、直接に雨水を隣地に注ぐ構造の屋根その他の工作物を設けてはならないことも規定しています。

　土地の所有者には、所有権に基づく妨害排除請求や妨害予防請求が認められています。たとえば、隣地から自分の土地に人工的な原因で水が流れてきている場合には、土地の所有権に基づく妨害排除請求として、隣地の所有者に対し、水が流れてこないような措置を講じるように請求できます。また、水が流れてくるおそれがある場合には、土地の所有権に基づく妨害予防請求として、隣地の所有者に対し、水が流れてこないような措置（予防措置）を講じるように請求できます。

● 自然的流水と人工的排水（雨水の場合）

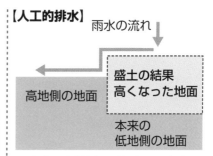

【自然的流水】

雨水の流れ

高地側の地面

低地側の地面

※低地側の所有者は、自然に流れてくる雨水を受忍しなければならず（受忍義務）、これを妨げることはできない。

【人工的排水】

雨水の流れ

盛土の結果
高くなった地面

高地側の地面

本来の
低地側の地面

※本来の高地側の所有者は、本来の低地側の所有者に、水が流れてこないようにする措置（予防措置）を請求できる。

さらに、隣地の所有者の故意もしくは過失によって、自分の土地に水が流れてきて、これにより損害を被ったときは、民法が規定する不法行為に基づく損害賠償請求ができる場合もあります。

他人の土地への排水が認められる場合

土地を利用する上で排水が必要不可欠で、かつ、他人の土地に水を流さざるを得ない場合もあります。このような場合に備えて、民法では、高地が浸水して土地を乾かす必要がある場合や、自家用もしくは農工業用の余水を排出する必要がある場合には、公の水流（用水路や河川など）もしくは下水道に至るまで、低地に水を通過させること（通水）を認めています（余水排泄権）。ただし、低地に最も損害が少ない方法で水を通過させなければなりません。

裁判例では、高地に排水設備などを設置することで低地に水を流さなくて済む方法がある場合には、高地での設備の設置などに要する費用と、水を流すことで低地が被る損害とを比較検討した上で、低地に水を流すことを認めるかどうかを判断しています。

また、土地の所有者は、水を通過させるため、高地もしくは低地の

所有者が設けた工作物を使用することができます。ただし、他人の工作物の使用によって利益を受ける割合に応じて、工作物の設置や保存の費用を分担しなければなりません。費用を分担して既存の排水設備を使用することができれば、新たに排水設備を設置する必要がなく、他人の排水設備を使用する者にとって経済的だといえます。さらに、排水設備の維持管理に必要な費用を分担してもらえれば、自前の排水設備を使用する者にとっても経済的だといえます。

排水設備の設置

下水道法では、公共下水道の排水区域内の土地の所有者や占有者に対し、土地の下水を公共下水道に流入させるために必要な排水設備（排水管などの排水施設）の設置を義務づけています。

公共下水道は、おもに公道の地下に通されていますが、袋地（公道に通じていない土地）の下水を流すためには、囲繞地（袋地を囲んでいる土地）に排水設備を設置する必要があります。

下水道法では、他人の土地や排水設備を使用しないと下水を公共下水道に流入させることが困難であるときは、他人の土地に排水設備を設置したり、他人の設置した排水設備を使用することができると規定しています。この場合の設置や使用について他人の承諾を得る必要はありません。ただし、排水設備を設置する場合は、他人の土地に最も損害の少ない場所や方法を選択することが必要です。また、他人の排水設備を使用する場合は、その利益を受ける割合に応じて、その設置・改築・修繕・維持に要する費用を分担することが必要です。

電線・ガス管・水道管の設置

公道上にある電柱に電線をつないだり、公道の地下にある水道本管、ガス管まで配管を通したりするため、他人の土地の使用を必要とする場合もあります。しかし、電線・水道管・ガス管の設置に関しては、

● 他人の土地への配管の設置（袋地の場合） ……………………

(例) 袋地の所有者が公道の地下にある水道本管まで配管（給水管）を通す場合

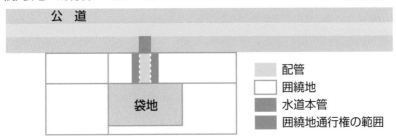

※袋地の所有者が持っている囲繞地通行権に付随する内容として通行の用途に利用されている部分の地下に配管を通すことが認められる。公道まで通行するために使用されている部分を使用するのが、一般論としては、囲繞地の所有者にとって追加の負担が少ないことから、最も損害の少ない場所または方法といえる。

土地の所有者の承諾を得ることができない場合について、下水道法のような明文の調整規定がないため、どのような法的根拠で使用が認められるのかが問題となります。

　他人の土地を利用する法的根拠には、さまざまなものが考えられます。たとえば、袋地の所有者は囲繞地通行権を持っており、これに付随する内容として、通行の用途に利用されている土地に配管を通すことができるとした裁判例があります。土地の所有者が通行地役権を持っている場合も同様に考えることができます。また、下水道法の規定を電線・ガス管・水道管の設置について類推適用することも考えられます。さらに、配管の設置が土地に与える影響が非常に小さい場合に、土地の使用を承諾しないのは権利の濫用にあたると判断した裁判例もあります。

　いずれの法的根拠によっても、土地を利用する際に電線・ガス管・水道管を設置することが必要不可欠だと認められる場合には、他人の土地に及ぼす損害が最小限となる場所や方法で、電線・ガス管・水道管の設置が認められる傾向にあるといえます。

装　丁　　やぶはな　あきお

近隣トラブル対策！
建築・道路・境界の法律知識

2020 年 8 月 14 日　第 1 刷発行

編　者　　デイリー法学選書編修委員会
発行者　　株式会社　三省堂　代表者　北口克彦
印刷者　　三省堂印刷株式会社
発行所　　株式会社　三省堂
　　　　　〒 101-8371　東京都千代田区神田三崎町二丁目 22 番 14 号
　　　　　電話　編集（03）3230-9411　　営業（03）3230-9412
　　　　　https://www.sanseido.co.jp/
〈DHS 建築道路境界・184pp.〉

ISBN978-4-385-32524-8